Carlos Encina Commentz

Wann und wie man sich an die Apostolische Pönitentiarie wendet

Carlos Encina Commentz

Wann und wie man sich an die Apostolische Pönitentiarie wendet

eos

1. Auflage 2012:
Libreria Editrice Vaticana
2. aktualisierte und erweiterte Auflage 2024:
EOS Editions

mail@eos-books.com
www.eos-books.com

ISBN 978-3-8306-8239-4

Bibliografische Information der Deutschen Bibliothek
Die Deutsche Bibliothek verzeichnet diese Publikation
in der Deutschen Nationalbibliografie;
detaillierte bibliografische Angaben
sind im Internet unter http://dnb.ddb.de abrufbar.

Gedruckt auf säurefreiem, chlorfrei gebleichtem Papier.
Printed in Germany

Zum Geleit

Es ist mir eine Freude, diese in und wegen ihrer Kürze wertvolle Schrift mit dem Titel „Wann und wie man sich an die Apostolische Pönitentiarie wendet“ vorzustellen. Für die Priester und die Priesteramtskandidaten erweist sich eine so auf die wesentlichen Punkte konzentrierte und praktische Handreichung für den wunderbaren Dienst der Versöhnung als überaus nützlich, damit sie wirksame Werkzeuge des Balsams der göttlichen Barmherzigkeit sein können, der in die Wunden vieler Seelen zu gießen ist.

Das Gericht der Barmherzigkeit, welches die Apostolische Pönitentiarie ist, ist das älteste Dikasterium der Römischen Kurie; es geht auf das Ende des 12. Jahrhunderts zurück. Unter den kirchlichen Gerichten ist es das erste, gerade weil es seinen unmittelbaren Gegenstand in dem für die Kirche Christi wesentlichen Ziel findet, jedweden Pönitenten zur Umarmung durch den Himmlischen Vater, zum Leben der Gnade, zur Möglichkeit, sich heiligen zu lassen, wieder zuzulassen, wie auch immer die Erfahrung der Sünde oder der Straftat geartet gewesen sein mag. Hier erreicht die Gerechtigkeit ihren Höhepunkt in der Barmherzigkeit.

In einer unmittelbar allen verständlichen Sprache und einem ebensolchen Stil stellt der Autor, selbst Mitarbeiter an der Pönitentiarie, die Zuständigkeiten und die Arbeitsweise des täglichen, stillen und überaus diskreten Einsatzes des Dikasteriums dar. In dieser zweiten Auflage, die in verschiedenen Sprachen stark angefragt wurde, werden auch Musterbriefe abgedruckt, die den Beichtvätern und geistlichen Begleitern größtmögliche Erleichterung bringen sollen, um sich an dieses Gericht „sui generis“ zu wenden.

Die Mutter der Barmherzigkeit, unsere Fürsprecherin, möge die Arbeit der Pönitentiarie auf den Wegen einer wahren pastoralen Haltung leiten, sie führe die Herzen der Pönitenten zur Reue und erlange den Beichtvätern, dass sie immer mit dem Herzen des Guten Hirten selbst zu lieben vermögen!

Rom, am 14. September 2023
Fest der Erhöhung des heiligen Kreuzes

Mauro Kard. Piacenza
Großpönitentiar

Inhaltsverzeichnis

EINLEITUNG

Wenige Priester und Gläubige in der Welt von heute wissen, was die Apostolische Pönitentiarie ist, was in ihre Zuständigkeit fällt und wann es nötig ist, sich an sie zu wenden, noch kennen sie die richtige Art und Weise, dies zu tun. Aus diesem Grund veröffentlichen wir einen kurzen, in Frage- und Antwortform sowie einfachem und leicht verständlichem Stil geschriebenen Text, damit der Leser, der kein Fachmann für Kirchenrecht ist, eine ausreichende Kenntnis über das Wesen und die Funktionsweise der Apostolischen Pönitentiarie erlangen kann. Es ist nicht überflüssig, daran zu erinnern, dass sie das älteste Dikasterium der Römischen Kurie ist und einen Dienst ausübt, der direkt das Heil der Seelen betrifft.

Worauf ist der geringe Bekanntheitsgrad der Apostolischen Pönitentiarie und ihrer Funktionen zurückzuführen?

Diese Frage ist nicht einfach zu beantworten. Sehr wahrscheinlich liegt die Ursache in einem mangelhaften Verständnis dessen, was das Kirchenrecht ist, und in einer ungenügenden Information über die Zuständigkeiten der Römischen Kurie.

Darüber hinaus genoss das Kirchenrecht in den sechziger und siebziger Jahren kein großes Ansehen. In diesen Jahrzehnten herrschte eine Tendenz vor, die allem Rechtlichen skeptisch, wenn nicht sogar ablehnend gegenüberstand. Kurz gesagt sieht diese Denkrichtung das Kirchenrecht als etwas, das im Widerspruch zum Wesen der Kirche steht. Das Kirchenrecht stünde der „Nächstenliebe“ entgegen und sei „wenig pastoral”. In der Kirche würden das Evangelium und das „Gesetz der Liebe“ genügen, da das Recht – nach Meinung derer, die alles Rechtliche in der Kirche ablehnen – der weltlichen Gesellschaft angehöre und nicht gut zu der Art und Weise, wie die Natur der Kirche zu verstehen sei, passe.

Statt das Kirchenrecht abzulehnen, besteht die richtige Haltung darin zu versuchen, das Wesen dieses Rechts zu verstehen. Das Kirchenrecht ist nicht einfach nur die Sammlung der von der Kirche erlassenen

Regeln und Gesetze: Es ist viel mehr als das. Die angemessenste Definition des Kirchenrechts lautet: „Das, was in der Kirche gerecht ist“. Anders gesagt ist Kirchenrecht das, was jedem Gläubigen zusteht und was ihm von anderen zuerkannt, gegeben oder zurückgegeben werden muss. Das Kirchenrecht macht die Ausübung der Gerechtigkeit möglich; denn Gerechtigkeit besteht eben darin, jedem das Seine zu geben.

Man kann mit Sicherheit sagen, dass das Kirchenrecht wirkliches Recht ist, und nicht nur etwas dem Recht „Ähnliches“ oder nur ein Recht im analogen Sinn. Das Kirchenrecht ist genauso Recht wie das Zivilrecht oder das Strafrecht. Die Besonderheiten des Kirchenrechts finden sich im Bereich des Akzidentiellen und verändern aber nicht seinen rechtlichen Charakter.

I. DIE APOSTOLISCHE PÖNITENTIARIE, IHRE STRUKTUR UND IHRE ZUSTÄNDIGKEITEN

1. Was ist die Apostolische Pönitentiarie?

Die Apostolische Pönitentiarie ist einer der Apostolischen Gerichtshöfe; ihre Zuständigkeit betrifft ausschließlich das *forum internum*, das heißt, die innere Beziehung zwischen Gott und dem Gläubigen. Sie gewährt „Lossprechungen", „Dispensen", „Gnaden", „Heilungen" und „Umwandlungen" (vgl. *Praedicate evangelium*, 191). Der Apostolischen Pönitentiarie wurde auch die Gewährung von Ablässen übertragen (vgl. *Praedicate evangelium*, 193).

2. Wie ist sie strukturiert?

An der Spitze der Apostolischen Pönitentiarie steht der Kardinal-Großpönitentiar. Ein Rat von Prälaten unterstützt ihn bei der Entscheidungsfindung in schwierigeren Fällen. Einer der Prälaten ist der Regent, der für die Organisation und das reibungslose Funktionieren des Dikasteriums zuständig ist und den Kardinal-Großpönitentiar in dessen Abwesenheit vertritt. Der Theologe und der Kanonist der Pönitentiarie sind auch Mitglieder des Rats der Prälaten.

Die Mitarbeiter dieses Gerichts sind Priester, die an den täglichen, vom Kardinalgroßpönitentiar oder vom Regenten geleiteten Sitzungen für die Untersuchung der Fälle teilnehmen. Sie schlagen die Lösungen vor, die dann dem Kardinal-Großpönitentiar zur endgültigen Entscheidung und Unterschrift vorgelegt werden.

3. Was sind die Aufgaben des Kardinal-Großpönitentiars?

In seiner Person vereinen sich all die Zuständigkeiten dieses Dikasteriums: Sie aufzuzählen ist aufgrund des weiten Spektrums von Fällen, die in Fragen des Gewissens auftreten können, schwierig. Man kann sagen, dass der Heilige Vater ihm im *forum internum* die unbeschränkte Ausübung der „Schlüsselgewalt" übertragen hat. In der Ausübung seiner Befugnisse gibt es jedoch eine Einschränkung, nämlich die, dass er sie nicht ausüben kann, ohne vorher den Rat seiner Mitarbeiter eingeholt zu haben.

Ihm kommt auch die Ernennung und die Erteilung der Vollmachten für die Pönitentiare („poenitentiarii minores") zu, die ihren Dienst in den vier päpstlichen Basiliken in Rom ausüben.

Eine andere Aufgabe des Großpönitentiars ist es, die öffentlichen Dokumente des Dikasteriums, die Entscheidungen und die wichtigen Korrespondenzen zu unterschreiben.

Während der Vakanz des Apostolischen Stuhls bleibt der Großpönitentiar angesichts seiner wichtigen Funktionen in Verbindung mit dem Heil der Seelen als einziger Leiter eines Dikasteriums im Amt. Sogar während eines Konklaves hat das Gericht die Möglichkeit, ihm gegebenenfalls besonders dringende Dokumente zukommen zu lassen (vgl. *Universi dominici gregis*, 14).

II. STRAFTATEN IM ZUSTÄNDIGKEITSBEREICH DER APOSTOLISCHEN PÖNITENTIARIE

4. Für welche kirchenrechtlichen Straftaten ist im *forum internum* ausschließlich das Gericht der Apostolischen Pönitentiarie zuständig?

Die Straftaten, für welche die Apostolische Pönitentiarie zuständig ist, sind:

- die Verunehrung der eucharistischen Gestalten (vgl. can. 1382 § 1 CIC);
- die direkte Verletzung des Beichtgeheimnisses (vgl. can. 1386 § 1 CIC);
- die Lossprechung des Mitschuldigen an einer Sünde gegen das sechste Gebot des Dekalogs (vgl. can. 1384 CIC);
- die Anwendung körperlicher Gewalt gegen die Person des Papstes (vgl. can. 1370 § 1 CIC);
- die Bischofsweihe ohne päpstlichen Auftrag (vgl. can. 1387 CIC);
- die versuchte sakramentale Weihe einer Frau (vgl. can. 1379 § 3 CIC).

All diese Straftaten werden mit der Exkommunikation *latae sententiae* bestraft. Das bedeutet, dass diese Strafe von selbst eintritt, also allein dadurch, dass die betreffende Straftat begangen wurde (und keine Ausschlussgründe gemäß cann. 1323 und 1324 § 1 in Verbindung mit § 3 CIC gegeben sind). Im Fall der oben genannten Straftaten ist der Erlass der Strafe dem Heiligen Stuhl vorbehalten.

5. Worin besteht die Straftat der Verunehrung der eucharistischen Gestalten?

Die Verunehrung der eucharistischen Gestalten ist eine äußerst schwerwiegende Straftat, mit der man sich direkt gegen Gott vergeht. Sie besteht darin, die eucharistischen Gestalten wegzuwerfen oder sie in unzulässiger Weise zu entwenden oder zurückzubehalten, und zwar in sakrilegischer oder obszöner Absicht oder aus Aberglauben. Allgemeiner fällt unter diesen Straftatbestand jegliche absichtliche Handlung, die in schwerwiegender Weise das Allerheiligste Sakrament verunehrt, sei es alleine oder in Gegenwart anderer Personen.

6. Worin besteht die direkte Verletzung des Beichtgeheimnisses?

Diese Straftat kann nur von einem Priester begangen werden, der Beichte gehört hat, auch wenn er gegebenenfalls keine sakramentale Lossprechung gespendet hätte.

Die Verletzung des Beichtgeheimnisses erfolgt direkt, wenn der Beichtvater absichtlich eine Sünde, von der er in der Beichte erfahren hat, und zusätzlich die Identität des Pönitenten, der sie gebeichtet hat, bekanntgibt.

Dem Beichtvater ist es ja niemals und aus keinem Grund erlaubt, „den Pönitenten mit Worten oder auf irgendeine andere Weise zu verraten“ (can. 983 § 1 CIC), ebenso wie es „dem Beichtvater absolut verboten ist, die aus der Beichte gewonnenen Erkenntnisse zum Schaden des Pönitenten zu nutzen, selbst wenn er jede Gefahr der Offenbarung ausschließt“ (can. 984 § 1 CIC).

Die Lehre präzisiert dann den Inhalt des sakramentalen Siegels: „alle Sünden sowohl des Pönitenten als auch anderer, die durch das Bekenntnis des Pönitenten bekannt werden, seien sie tödlich oder lässlich, seien sie okkult oder öffentlich, insofern sie im Hinblick auf die Absolution offenbart werden und somit dem Beichtvater kraft sakramentalen Wissens bekannt sind“[1].

Der Grund für die Strafe der Exkommunikation besteht in der Absicht, die Heiligkeit des Sakraments der Buße oder der Versöhnung zu

1 Apostolische Pönitentiarie, Note vom 29. Juni 2019; V. De Paolis – D. Cito, *Le sanzioni nella Chiesa. Commento al Codice di Diritto Canonico. Libro VI*, Vatikanstadt 2000, S. 345.

schützen, welches der einzige Weg für die Gläubigen ist, um ordentlicherweise die Vergebung schwerer Sünden zu erlangen.

7. Worin besteht die Straftat der Lossprechung des Mitschuldigen an einer Sünde gegen das sechste Gebot des Dekalogs?

Das Delikt der Lossprechung des Mitschuldigen begeht ein Priester, der Beichte hört und einen Pönitenten von einer Sünde gegen die Keuschheit vorgeblich losspricht, an der beide beteiligt waren. Er verfehlt sich nämlich gegen die Heiligkeit des Bußsakraments, wenn er den Pönitenten in dem Glauben lässt, von der Sünde losgesprochen zu sein, obwohl diese Lossprechung in Wirklichkeit *ungültig* ist. Außer in Todesgefahr (vgl. can. 977 CIC) hat der Beichtvater ja keine Vollmacht, von dieser Art von Sünden loszusprechen, wenn es sich um einen Mitschuldigen handelt.

Dieser Straftatbestand beinhaltet alle äußeren Sünden gegen die Keuschheit, die mit einem Mitschuldigen begangen wurden, auch wenn die Sünde vor der Priesterweihe des Beichtvaters stattfand.

Natürlich muss sich der Beichtvater, um diese Straftat zu begehen, bewusst sein, dass er eine Person von einer Sünde losspricht, die sie gemeinsam begangen haben. Wenn der Beichtvater die Person nicht erkennt, ist dieser Straftatbestand nicht gegeben. Wenn der Mitschuldige keine Sünde gegen die Keuschheit, die gemeinsam mit dem Beichtvater begangen wurde, beichtet, weil die Lossprechung dafür schon von einem anderen Beichtvater erteilt worden ist, liegt die hier dargestellte Straftat nicht vor.

8. Wie muss sich ein Beichtvater verhalten, wenn ein Mitschuldiger ihn um die Lossprechung bittet?

Der Beichtvater muss dem Mitschuldigen mit aller Offenheit sagen, dass er ihn nicht von der gemeinsam begangenen Sünde lossprechen kann, da diese Lossprechung ungültig wäre und er darüber hinaus selbst eine äußerst schwerwiegende Straftat begehen würde.

9. Was geschieht, wenn der Beichtvater zu dem Zeitpunkt, wenn er den Mitschuldigen von einer Sünde gegen die Keuschheit scheinbar losspricht, nicht weiß, dass diese Handlung die Strafe der Exkommunikation nach sich zieht?

In diesem Fall nimmt ihn die Unwissenheit nicht von der Strafe aus, da es sich um eine schuldhafte Unwissenheit handelt. Alle Priester, die die Beichtbefugnis haben, müssen ja die kanonischen Vorschriften bezüglich dieses Sakramentes kennen.

10. Worin besteht die Straftat der Anwendung körperlicher Gewalt gegen die Person des Papstes?

Dieser Straftat kann man in der Praxis nur schwer begegnen. Man versteht darunter die Anwendung körperlicher Gewalt mit der Absicht, ein Attentat auf das Leben oder die physische Unversehrtheit des Papstes zu begehen.

11. Worin besteht die Straftat der Bischofsweihe ohne päpstlichen Auftrag?

Auch diese Straftat kommt selten vor. Sie besteht darin, einem Gläubigen das Weihesakrament in seiner höchsten Stufe, das heißt die Bischofsweihe, zu spenden, ohne dass die notwendige päpstliche Genehmigung vorhanden wäre. Dies könnte nur ein katholischer Bischof tun, der ohne Genehmigung des Papstes eine Bischofsweihe durchführt. Eine solche Weihe wäre gültig, aber unerlaubt.

12. Worin besteht die Straftat der versuchten Weihe einer Frau?

Diese Straftat begeht, wer einer Frau die heilige Weihe zu spenden, wie auch eine Frau, die die heilige Weihe zu empfangen versucht. Eine solche Weihe ist offenkundig ungültig (vgl. can. 1024 CIC).

Für diese schwer zu verbergende Straftat wird die Absolution im *forum externum* durch das Dikasterium für die Glaubenslehre gewährt und nur, sofern sie verborgen geblieben wäre, im *forum internum* von der Apostolischen Pönitentiarie.

13. Mit welcher Art von Kirchenstrafe werden diese Straftaten geahndet?

Die sechs oben genannten Straftaten werden mit der Exkommunikation *latae sententiae* geahndet. Diese Art von Strafe tritt automatisch ein, also allein aufgrund der Tatsache, dass man bestimmte Straftaten begangen hat (und dass keine Ausschlussgründe gemäß cann. 1323 und 1324 § 1 in Verbindung mit § 3 CIC gegeben sind), und ohne dass es notwendig wäre, sie in einem kanonischen Prozess oder durch ein Strafdekret zu verhängen.

14. Welche Wirkungen hat die Strafe der Exkommunikation für den Gläubigen?

Dem exkommunizierten Gläubigen ist verboten:

- das eucharistische Opfer und andere Sakramente zu feiern;
- Sakramente zu empfangen;
- Sakramentalien zu spenden und andere Zeremonien des liturgischen Kultes zu feiern;
- irgendeinen aktiven Anteil an den vorgenannten Zelebrationen zu haben;
- kirchliche Ämter, Aufgaben, Dienste und Funktionen auszuüben;
- Akte der Leitungsgewalt zu setzen (vgl. can. 1331 CIC).

15. Warum verhängt die katholische Kirche Strafen für bestimmte Sünden?

Die Existenz eines kirchlichen Strafrechts dient dazu, in der Kirche das, was gerecht ist, zu schützen. Die Kirchenstrafe soll auch der Besserung,

Wiedergutmachung und Vorbeugung dienen. Für die Kirche haben die Rechte der Gläubigen eine große Bedeutung. Sie verwendet daher verschiedene Mittel, um sie zu schützen: Eines davon ist die Verhängung von Kirchenstrafen.

16. Wen kann eine Kirchenstrafe treffen?

Im Prinzip kann man sagen, dass eine Kirchenstrafe all diejenigen Gläubigen der Kirche treffen kann, die eine äußere Verletzung eines Gesetzes oder Verwaltungsbefehls, mit denen eine Strafe verbunden ist, begangen haben, aber nur, wenn dieses Vergehen wegen Vorsatz oder Fahrlässigkeit schwerwiegend zurechenbar ist (vgl. can. 1321 § 2 CIC). Es kann jedoch gewisse Umstände geben, aufgrund derer der Gläubige straffrei bleibt oder die die Strafe mildern: Zum Beispiel sind diejenigen, die dauerhaft des Vernunftgebrauchs entbehren, nicht fähig, eine Straftat zu begehen (vgl. can. 1322 CIC).

17. Kann eine Kirchenstrafe einen Minderjährigen treffen?

Kirchenstrafen können nur diejenigen treffen, die das sechzehnte Lebensjahr vollendet haben (vgl. can. 1323, 1° CIC). Wenn der Gläubige jünger als sechzehn Jahre ist, kann er unter Umständen eine schwere Sünde begangen haben, aber ihn trifft keine Kirchenstrafe. Um einer kanonischen Strafe *latae sententiae* zu verfallen, muss man das Alter von 18 Jahren erreicht haben (vgl. can. 1324 § 1, 4° in Verbindung mit § 3 CIC).

18. Was bedeutet es, dass eine Exkommunikation dem Heiligen Stuhl „vorbehalten“ ist?

Es bedeutet, dass nur der Heilige Stuhl den Nachlass dieser Strafe gewähren kann. In den oben genannten Fällen ist die zuständige Autorität für das *forum internum* der Gerichtshof der Apostolischen Pönitentiarie.

Die Tatsache, dass ein „Vorbehalt“ für bestimmte Straftaten festgelegt wird, hat nichts mit einer bürokratischen Mentalität zu tun, sondern bedeutet, dass bestimmte Fälle aufgrund der Schwere der Straftat ein besonderes Vorgehen erfordern. Gleichzeitig soll der Vorbehalt auch der Abschreckung dienen.

19. Wann kann einem Pönitenten die Strafe der Exkommunikation nachgelassen werden?

Da die Exkommunikation eine Besserungs- bzw. Beugestrafe ist, kann diese dem Gläubigen erst nachgelassen werden, wenn er die Sünde, die er begangen hat, bereut.

Bei den Beugestrafen ist nämlich das Vorliegen von Widersetzlichkeit von grundlegender Bedeutung. „Widersetzlichkeit“ ist eine beständige Haltung des Ungehorsams gegenüber der Autorität und ihren Geboten, die derjenige, der eine Straftat begangen hat, zeigt.

Die Zielsetzung der Beugestrafen besteht darin, die Widersetzlichkeit zu korrigieren und die Bekehrung des Gläubigen zu erreichen. Deswegen können Beugestrafen auch nicht für einen festgesetzten Zeitraum auferlegt werden, und ihr Nachlass liegt nicht im willkürlichen Ermessen der Autorität. Sobald der Pönitent die Widersetzlichkeit aufgegeben hat, darf ihm der Nachlass nicht verweigert werden, sondern der Gläubige hat ein wahres Recht darauf, dass ihm die Strafe nachgelassen wird (vgl. can. 1358 § 1 CIC).

20. Darf ein exkommunizierter Gläubiger von seinen Sünden losgesprochen werden?

Nein, da die Strafe der Exkommunikation den Empfang der Sakramente verbietet. Zunächst muss die Exkommunikation nachgelassen werden; erst dann darf der Gläubige die Lossprechung von seinen Sünden empfangen.

In Todesgefahr jedoch kann und darf ein Gläubiger von jeglicher Kirchenstrafe und Sünde von jedem Priester losgesprochen werden, auch wenn dieser nicht mit der Beichtvollmacht ausgestattet sein sollte (vgl. can. 976 CIC). Dies macht deutlich, dass das oberste Gesetz der Kirche das Heil der Seelen ist (vgl. can. 1752 CIC).

21. Wer kann einem Gläubigen die Strafe der Exkommunikation nachlassen?

Dies kann nur die Autorität, die dem Kirchenrecht zufolge diese Befugnis hat oder die eine entsprechende Delegation erhalten hat. Im Fall der dem Heiligen Stuhl vorbehaltenen Exkommunikation für die oben erwähnten Straftaten ist die Apostolische Pönitentiarie die zuständige Autorität, allerdings nur für Fälle, die nicht öffentlich bekannt sind, und solange die Exkommunikation nicht im *forum externum* festgestellt wurde.

22. Kann die Apostolische Pönitentiarie dem betroffenen Gläubigen die Beugestrafe nachlassen, wenn eine Exkommunikation im *forum externum* festgestellt wurde?

Wenn eine Beugestrafe im *forum externum* festgestellt wurde, kann die Apostolische Pönitentiarie nicht tätig werden, da sie ein Gerichtshof für das *forum internum* ist. Um die Lossprechung zu erhalten, muss man sich in diesem Fall an die zuständige Autorität wenden.

23. Warum wird eine Kirchenstrafe im *forum externum* festgestellt?

Um ein Ärgernis oder eine Gefahr für die Gläubigen abzuwenden, kann die Kirche sich veranlasst sehen festzustellen, das heißt, öffentlich bekannt zu machen, dass eine bestimmte Person exkommuniziert ist.

Diese Feststellung der Exkommunikation bringt bestimmte rechtliche Konsequenzen mit sich, die die Lage des Exkommunizierten noch erschweren. Zum Beispiel betrifft der Nachlass der Strafe dann nicht mehr das *forum internum*, sondern er muss im *forum externum*, also öffentlich, durchgeführt werden. Es handelt sich hierbei um einen der wenigen Fälle, in denen ein Problem, das im *forum internum* beginnt, in das *forum externum* übergeht.

24. Was kann ein Gläubiger tun, der von einer Tatstrafe (Strafe *latae sententiae*) im *forum internum* freigesprochen wurde, wenn das Delikt, das zu dieser kanonischen Strafe geführt hat, später öffentlich, also im *forum externum*, bekannt wird?

Dies ist in der Praxis sicherlich eine seltene Situation, die aber vorkommen kann. In diesem Fall liegt die Beweislast ausschließlich bei dem Gläubigen, der im *forum intenum* losgesprochen wurde. Er allein verfügt nämlich über die Protokollnummer des Reskripts der Pönitentiarie, mit der er beweisen könnte, dass er im internen Forum von der zuständigen Autorität gültig und rechtmäßig losgesprochen wurde. Daher erscheint es nicht konsequent, ihm für dasselbe Delikt nochmals eine Beugestrafe aufzuerlegen, da der Zweck der Strafe – also die Widersetzlichkeit dieses Gläubigen zu brechen und ihn zur Reue zu bringen – bereits erfüllt ist. Beugestrafen sind, wie oben erwähnt, medizinische Strafen, und wenn ein Gläubiger sein Delikt bereits bereut hat, hat es keinen Sinn, sie zu verhängen.

Die jüngste Reform des VI. Buches sieht vor, dass die Autorität in solchen Fällen stattdessen eine Sühnestrafe verhängen kann (vgl. can. 1361 § 4 CIC).

25. Wie muss ein Beichtvater vorgehen, wenn er mit einem Gläubigen zu tun hat, der sich eine Beugestrafe zugezogen hat, deren Aufhebung dem Heiligen Stuhl oder dem Ortsordinarius vorbehalten ist?

Wenn eine Beugestrafe nicht erklärt wurde und die Tatsache nicht öffentlich bekannt ist, hat der Beichtvater drei Möglichkeiten, unter denen er diejenige auswählen soll, die nach seinem Urteil am besten dem Seelenheil des Pönitenten dient:

a. Falls die Aufhebung der Beugestrafe dem Ortsordinarius vorbehalten ist, kann er dem Pönitenten empfehlen, falls dieser es möchte, beim Pönitentiar der Kathedrale oder einem ihm gleichgestellten Priester zu beichten, der die nötigen Vollmachten hat, um die Strafe aufzuheben. Wenn der Pönitent es vorzieht, nicht zum Pönitentiar zu gehen, kann der Beichtvater selbst sich des Falls annehmen, indem er eine der beiden folgenden Möglichkeiten wählt:
b. Er kann dem Pönitenten sagen, dass er als Beichtvater – auf vertrauliche Weise und ohne Namen zu nennen – die Vollmacht erbitten muss, die Beugestrafe aufheben zu können. Er muss daher den Pönitenten bitten, noch einmal zurückzukommen, um die Aufhebung der Strafe und die Lossprechung von den Sünden zu erhalten und die Buße mitgeteilt zu bekommen, die ihm von der zuständigen Autorität auferlegt wurde. Der Beichtvater muss dann sobald wie möglich einen Rekurs an die zuständige Autorität einbringen, der die Aufhebung der Strafe vorbehalten ist, und um die Vollmacht bitten, von der Strafe loszusprechen, sowie die dem Pönitenten aufzuerlegende Buße erfragen. In den sechs oben genannten Fällen, die dem Heiligen Stuhl vorbehalten sind, muss sich der Beichtvater an die Apostolische Pönitentiarie wenden.
c. Wenn es für den Pönitenten zu hart erscheint, über lange Zeit im Stande schwerer Sünde zu verbleiben, ohne die Sakramente empfangen zu können, bis seinem Beichtvater die Vollmacht gewährt wird, und wenn er die begangene Straftat wirklich bereut, kann der Beichtvater gemäß can. 1357 § 1 CIC die Beugestrafe aufheben und ihm die Absolution erteilen. Er muss dem Pönitenten in diesem Fall sagen, dass er nach einigen Wochen zu einem für beide passenden Termin zurückkommen muss, um die Buße zu empfangen. In diesem Fall hat der Beichtvater die Pflicht, innerhalb von 30 Tagen den Rekurs an die zuständige Autorität, der die Aufhebung der Strafe vorbehalten ist, durchzuführen, um über das Geschehen zu berichten und eine angemessene Buße für den Pönitenten zu erbitten. In § 2 desselben Kanons heißt es, dass die Pflicht zum Rekurs dem Pönitenten obliegt, dem in der Beichte die Absolution erteilt wurde.

Es ist jedoch für den Beichtvater einfacher, sich an die Pönitentiarie zu wenden, da er besser weiß, wie er dies tun kann, und dass auf diese Weise auch die Anonymität des Pönitenten geschützt werden kann. Wird die Pflicht zum Rekurs innerhalb eines Monats schuldhaft nicht erfüllt, tritt die Strafe wieder ein (vgl. can. 1357 § 2 CIC).

26. Ist es empfehlenswert, dass der Beichtvater von der Befugnis Gebrauch macht, die ihm von can. 1357 gewährt wird?

Ja, es ist gut, dass der Beichtvater diese Befugnis anwendet. Im Gespräch mit dem Pönitenten kann er versuchen, diesem zu innerer Reue zu verhelfen, so dass es für ihn schwierig wäre, auf die Antwort der Apostolischen Pönitentiarie zu warten. So kann er die Vergebung seiner Sünden erhalten und die heilige Kommunion so bald wie möglich empfangen.

27. Wie führt man einen Rekurs an die Apostolische Pönitentiarie durch?

Ein Rekurs besteht aus einem gewöhnlichen, einfachen Brief – wenn möglich maschingeschrieben zur besseren Lesbarkeit –, in dem der Beichtvater unter Auslassung des Namens des Pönitenten und jeglicher Umstände, die zu seiner Identifizierung führen könnten[2], die Apostolische Pönitentiarie um die Vollmacht bittet, eine Beugestrafe aufzuheben, oder mitteilt, dass er sie aufgrund der Dringlichkeit mit der Vollmacht des can. 1357 CIC schon aufgehoben hat. In diesem Brief muss der Beichtvater objektiv die Geschehnisse in zusammenfassender und klarer Weise darlegen, wobei all die begleitenden Umstände der Straftat erwähnt sein müssen, die sich erschwerend oder mildernd auf die Schuldhaftigkeit auswirken können (Alter, Amt, etc.).

---

2 In der Sachverhaltsdarstellung sollen daher fiktive Namen verwendet werden.

28. Welche Daten müssen im Rekurs angegeben werden, wenn es sich um die Straftat der Verunehrung der eucharistischen Gestalten handelt?

Im Fall der Straftat der Verunehrung der eucharistischen Gestalten muss im Rekurs Folgendes angegeben werden:

- geschätztes Alter des Pönitenten und sein psychischer Gesundheitszustand;
- wann die Straftat begangen wurde;
- wie oft sie begangen wurde;
- auf welche Weise sie begangen wurde;
- aus welchen Motiven die Verunehrung begangen wurde;
- ob die Straftat alleine oder mit anderen Personen begangen wurde;
- ob der Pönitent die Straftat im Auftrag irgendeiner Sekte begangen hat, und wenn ja, ob er den Kontakt mit dieser schon abgebrochen hat[3].

29. Welche Daten müssen im Rekurs angegeben werden, wenn es sich um die Straftat der direkten Verletzung des Beichtgeheimnisses handelt?

Im Fall der Straftat der direkten Verletzung des Beichtgeheimnisses muss im Rekurs Folgendes angegeben werden:

- geschätztes Alter des Pönitenten;
- wann die Straftat begangen wurde;
- wie oft sie begangen wurde;
- unter welchen Umständen sie begangen wurde;
- ob sie absichtlich oder nur aus Unklugheit begangen wurde;
- ob der von der Verletzung des Beichtgeheimnisses betroffenen Person daraus Schaden entstanden ist;

3 Vgl. Musterbrief, S. 46.

- ob der Pönitent ein Beichtvater ist, der normalerweise in diesem Bereich mit Klugheit handelt[4].

30. Welche Daten müssen im Rekurs angegeben werden, wenn es sich um die Straftat der Lossprechung des Mitschuldigen von einer Sünde gegen das sechste Gebot des Dekalogs handelt?

Im Fall der Straftat der Absolution des Mitschuldigen von einer Sünde gegen das sechste Gebot des Dekalogs muss im Rekurs Folgendes angegeben werden:

- geschätztes Alter des Pönitenten;
- geschätztes Alter des Mitschuldigen;
- Lebensstand des Mitschuldigen (das heißt, ob unverheiratet, verheiratet, Ordensmitglied oder Kleriker);
- wie oft er die vermeintliche Lossprechung erteilt hat;
- wann er zum letzten Mal die vermeintliche Absolution erteil hat;
- ob die sündhafte Beziehung mit der mitschuldigen Person abgebrochen wurde;
- ob der Pönitent ein würdiges, für einen Priester angebrachtes Leben führt: tägliche Feier der heiligen Messe, Verrichtung des Stundengebets, usw.[5]

31. Warum müssen all diese Daten angegeben werden, wenn man sich an die Apostolische Pönitentiarie wendet?

Die Angabe all dieser Daten im Rekurs ermöglicht eine angemessenere Einschätzung des konkreten Falls und dient dazu, die aufzuerlegende Buße zu bestimmen sowie die Dauer der Gewährung der priesterlichen Vollmachten festzulegen. Die angegebenen Informationen helfen der Apostolischen Pönitentiarie, Anweisungen zu erteilen, die wirklich

4 Vgl. Musterbrief, S. 48.

5 Vgl. Musterbrief, S. 50.

dem Pönitenten gerecht werden, dem eine Beugestrafe nachgelassen werden soll.

32. Kann man Fax oder Internet benützen, um sich an die Apostolische Pönitentiarie zu wenden?

Da es sich häufig um Inhalte handelt, die unter das Beichtgeheimnis oder zumindest in den Bereich des Gewissens fallen, dürfen elektronische Kommunikationsmittel wie Internet oder Fax nicht verwendet werden. Es ist davon auszugehen, dass der Postweg den Schutz des Beichtgeheimnisses besser gewährleistet.

33. In welchen Sprachen kann man an die Apostolische Pönitentiarie schreiben?

Man kann diesem Gericht in allen Sprachen schreiben. Um die Arbeit der Mitarbeiter zu vereinfachen und schneller eine Antwort zu erhalten, ist es aber empfehlenswert, eine der folgenden Sprachen zu verwenden: Latein, Italienisch, Englisch, Deutsch, Französisch, Spanisch, Portugiesisch oder Polnisch.

34. Welche Adresse muss man auf dem Umschlag angeben, um an die Apostolische Pönitentiarie zu schreiben?

Es genügt, die folgende Anschrift anzugeben: Apostolische Pönitentiarie, 00120 Vatikanstadt.

35. Muss man etwas bezahlen, um sich an die Apostolische Pönitentiarie zu wenden?

Nein. Die Rekurse an dieses Gericht sind *absolut und immer* gebührenfrei. Es werden auch keine freiwilligen Spenden angenommen.

36. Wie lange dauert es, bis eine Antwort der Apostolischen Pönitentiarie eintrifft?

Die Apostolische Pönitentiarie ist bemüht, die Antwort innerhalb von 24 Stunden nach dem Eingang des Rekurses abzuschicken. Wann der Beichtvater das Reskript erhält, hängt davon ab, wie schnell die Post im jeweiligen Land arbeitet.

37. Wie muss der Beichtvater dem Pönitenten, dem er eine Beugestrafe nachgelassen hat, den Inhalt der Antwort der Apostolischen Pönitentiarie mitteilen?

Der angemessene Weg ist, dies im Rahmen einer erneuten Beichte zu tun. Daher ist es empfehlenswert, dass der Beichtvater und der Pönitent einen für beide günstigen Termin vereinbaren. Der Pönitent hat das Recht, unerkannt zu bleiben und nicht gesehen zu werden; die neue Begegnung kann daher in einem Beichtstuhl mit Gitter stattfinden. Der Beichtvater teilt dem Pönitenten den Inhalt der Antwort der Apostolischen Pönitentiarie und die Protokollnummer mit. Das Schreiben selbst vernichtet er so bald wie möglich. Der Pönitent seinerseits sollte die Protokollnummer aufbewahren, für den Fall, dass er sich erneut an die Pönitentiarie wenden müsste und die Protokollnummer bräuchte, damit das Gericht den Fall identifizieren kann.

38. Was sind die wesentlichen Inhalte eines Reskripts der Apostolischen Pönitentiarie?

Ein Reskript der Apostolischen Pönitentiarie enthält normalerweise die Bestätigung der Absolution, die dem Pönitenten gemäß der Vorgaben des can. 1357 CIC gewährt wurde. Für den Fall, dass dem Pönitenten die Beugestrafe noch nicht nachgelassen wurde, gewährt die Pönitentiarie kraft ihrer apostolischen Autorität dem Beichtvater die Befugnis, eine Beugestrafe, für die ein Vorbehalt besteht, dem recht disponierten Pönitenten nachzulassen.

Außerdem wird in besagtem Reskript dem Pönitenten vom Gericht der Apostolischen Pönitentiarie eine Buße auferlegt, die dieser erfüllen muss, und es werden dem Beichtvater einige Hinweise gegeben, wie er sich gegenüber dem Pönitenten zu verhalten hat.

39. Was geschieht, wenn der Beichtvater den Pönitenten nicht wieder treffen kann?

Es kann vorkommen, dass der Pönitent an einem weit entfernten Ort wohnt und nicht zu dem Beichtvater zurückkehren kann, der ihm die Absolution erteilt hat. In diesem Fall gibt es folgende Verfahrensmöglichkeiten:

a. Der Pönitent kann dem Beichtvater seine Anschrift mitteilen, damit jener ihm in knapper Form auf schriftlichem Weg den Inhalt der Antwort der Pönitentiarie mitteilen kann, wobei das Beichtgeheimnis immer gewahrt bleiben muss. Die Mitteilung könnte zum Beispiel lauten: „Gnade gewährt. Die Person muss über den Zeitraum von drei Monaten wöchentlich zwei Rosenkränze beten";
b. Da die Pflicht zum Rekurs gemäß dem Codex an sich beim Pönitenten liegt (vgl. can. 1357 § 2 CIC), ist er nicht daran gehindert, sich an einen anderen Beichtvater zu wenden, der für ihn einfacher zu erreichen ist, und ihn zu bitten, den Rekurs durchzuführen, indem er die Pönitentiarie informiert, dass der Pönitent von einem anderen Beichtvater losgesprochen wurde, indem er die in can. 1357 gewährte Vollmacht gebrauchte. Wenn diese Vorgehensweise gewählt wird, muss der neue Beichtvater den Rekurs durchführen, indem er alle unter den vorausgehenden Nummern erforderten Angaben macht.

III. IRREGULARITÄTEN

40. Was sind Irregularitäten?

Eine Irregularität ist ein kirchenrechtliches Hindernis von dauerhafter Natur, das vom Empfang der heiligen Weihen ausschließt oder die Ausübung empfangener Weihen unerlaubt macht, es sei denn, es wurde von der zuständigen Autorität eine Dispens erteilt.

Die Irregularitäten können ihre Ursache in einer Straftat haben, aber sie sind selbst keine kirchenrechtlichen Strafen. Daher kann auch ein Gläubiger von einer Straftat, die er begangen hat, losgesprochen sein und die Vergebung all seiner Sünden empfangen haben, aber trotzdem weiterhin „irregulär“ bleiben, bis er eine Dispens erhält.

Die Irregularitäten schützen die dem Weihesakrament geschuldete Ehrfurcht und die Würde der Amtsträger.

Da die Irregularitäten nicht den Charakter einer Strafe haben, befreit die Unkenntnis nicht von ihnen (vgl. can. 1045 CIC).

41. Kann die Apostolische Pönitentiarie die Dispens von Irregularitäten gewähren?

Die Apostolische Pönitentiarie kann die Dispens von Irregularitäten für den Empfang der heiligen Weihen oder für die Ausübung empfangener Weihen gewähren, wenn die Ursache der Irregularitäten nicht öffentlich bekannt ist. Dieses Gericht ist zuständig für die Dispens von Irregularitäten im *forum internum*, deren Dispens dem Heiligen Stuhl vorbehalten ist. Unter anderem gehören dazu die vorsätzliche Tötung eines Menschen, die vollendete Abtreibung oder die positive Mitwirkung bei einer dieser Straftaten (vgl. cann. 1041, 4°; 1044 § 1, 3° CIC).

Auch wenn nicht für alle Irregularitäten die Dispens dem Heiligen Stuhl vorbehalten ist und in vielen Fällen der Ordinarius die Vollmacht zur Dispensierung besitzt, steht es den Gläubigen immer frei, sich auch in diesem Fall an die Apostolische Pönitentiarie zu wenden.

42. Wie erbittet man von der Pönitentiarie die Dispens von einer Irregularität?

Die Dispens wird erbeten, indem der Beichtvater oder der geistliche Begleiter der irregulären Person einen Brief an die Apostolische Pönitentiarie schreibt. In dem Antrag ist der Name der Person auszulassen und die Tatsache, die die Irregularität verursacht hat, klar darzulegen.

Wenn es sich um einen Kandidaten für die Zulassung zu den heiligen Weihen handelt, muss der Beichtvater oder geistliche Begleiter auch sein Urteil über die Eignung des Kandidaten zum Empfang der Weihe hinzufügen. Wenn es sich um eine Person handelt, die schon die Weihe empfangen hat, ist es wichtig anzugeben, dass sie sich bereits gebessert hat.

43. Welche Angaben muss der Rekurs enthalten, wenn es sich um einen Weihekandidaten handelt, der aufgrund der Mitwirkung an einer Abtreibung irregulär ist?

Wenn es sich um einen Weihekandidaten handelt, muss der Beichtvater oder geistliche Begleiter der Pönitentiarie Folgendes mitteilen:

- wann und wie oft die Mitwirkung an der Abtreibung geschehen ist;
- auf welche Weise er an diesem Verbrechen mitgewirkt hat;
- ob er der Vater des Kindes ist;
- ob er sich gebessert hat;
- ob er ihn für den Empfang der heiligen Weihen geeignet hält[6].

Die Dispens wird nur gewährt, wenn die Mitwirkung an der Abtreibung vor dem Beginn der Seminarausbildung bzw. des Ordenslebens stattgefunden hat.

6 Vgl. Musterbrief, S. 52.

44. Welche Angaben muss ein Rekurs enthalten, wenn es sich um eine schon geweihte Person handelt, die aufgrund der Mitwirkung an einer Abtreibung irregulär ist?

Wenn es sich um eine Irregularität einer schon geweihten Person handelt, muss der Beichtvater oder geistliche Begleiter folgende Angaben machen:

- wann und wie oft die Mitwirkung an der Abtreibung stattgefunden hat;
- auf welche Weise er an diesem Verbrechen mitgewirkt hat;
- ob er der Vater des Kindes ist;
- ob er sich gebessert und die Beziehung zu der Frau abgebrochen hat[7].

45. Warum behandelt man Irregularitäten im *forum internum*? Könnte man es auch außerhalb der Beichte tun?

Eine Tatsache, die eine Irregularität verursacht, ist möglicherweise nicht öffentlich bekannt, und deshalb ist es angebracht, das Problem im *forum internum* zu behandeln. Wenn jemand sich einer Irregularität im Gespräch mit einem Priester bewusst wird, kann dieser die Dispens für ihn erbitten, auch ohne davon in der Beichte erfahren zu haben. In diesem Fall handelt es sich um das nicht-sakramentale *forum internum*, das natürlich auch durch die Schweigepflicht geschützt ist.

46. Was geschieht, wenn jemand die heiligen Weihen empfängt, obwohl er irregulär ist?

Er kann in einem solchen Fall die Ausübung seiner Weihen fortsetzen, wenn es sich um einen verborgenen Fall handelt, die Gefahr eines schweren Schadens oder einer Rufschädigung droht und es keine unmittelbare Möglichkeit gibt, sich an den Ordinarius oder die Pöniten-

7 Vgl. Musterbrief, S. 54.

tiarie zu wenden. Der Rekurs muss jedoch so bald wie möglich über seinen Beichtvater oder seinen geistlichen Begleiter an die zuständige Autorität gesandt werden (vgl. can. 1048 CIC). In der letzten Reform des VI. Buches des Codex des kanonischen Rechtes wird festgelegt, dass jeder, der zu den heiligen Weihen hinzugetreten ist, die Strafe der Suspension auf sich zieht, wenn er absichtlich eine Beugestrafe oder Irregularität verschwiegen hat (vgl. can. 1388 § 2 CIC). Daher muss der Beichtvater die Pönitentiarie um die Vollmacht bitten, ihn sowohl von der Suspension loszusprechen als auch von den beiden Irregularitäten zu dispensieren: für den Empfang und für die Ausübung der Weihen.

47. Zu welchem Zeitpunkt muss sich ein Kandidat für die heiligen Weihen, der von einer Irregularität betroffen ist, an die Apostolische Pönitentiarie wenden?

Das Gesuch um die Dispens von einer Irregularität wird bei einem Weihekandidaten normalerweise nicht früher als ein Jahr vor dem vorgesehenen Weihetermin eingereicht. Es ist wichtig, dass in dem Schreiben auch die Eignung des Kandidaten thematisiert wird. In der Praxis bearbeitet die Apostolische Pönitentiarie eingehende Gesuche sehr zügig, so dass der Beichtvater oder der geistliche Begleiter des Kandidaten die Antwort innerhalb weniger Tage erhalten kann.

48. Was kann ein Gläubiger, der von einer Irregularität gültig und rechtmäßig im *forum internum* dispensiert wurde, tun, wenn das Ereignis, das zu der Irregularität geführt hat, später auch öffentlich bekannt wird?

In solchen Fällen kann er die Existenz einer Dispens nachweisen, indem er die Protokollnummer des Reskripts der Pönitentiarie vorlegt, das ihm diese Gnade gewährt hat.

IV. HEILUNG IN DER WURZEL VON UNGÜLTIG GESCHLOSSENEN EHEN

49. Kann die Apostolische Pönitentiarie eine ungültig geschlossene Ehe „in der Wurzel heilen" (vgl. can. 1161 § 1 CIC)?

Die Apostolische Pönitentiarie kann den Gnadenerweis der Heilung einer ungültig geschlossenen Ehe gewähren, wenn es gerechte Gründe gibt, dass dies im *forum internum* geschieht, zum Beispiel, wenn der berechtigte Wunsch besteht, dass die Tatsache der Heilung einer Ehe, die von allen als gültig angesehen wurde, nicht öffentlich bekannt wird. Damit die Heilung vorgenommen werden kann, muss ein wirklicher Wille zur Ehe vorhanden sein, aufgrund dessen angenommen werden kann, dass die beiden Parteien weiterhin zusammenleben wollen. Normalerweise ist die zuständige Autorität, um eine Heilung einer Ehe in der Wurzel zu gewähren, der Diözesanbischof. Aber aus gerechten Gründen kann man sich auch an den Heiligen Stuhl wenden.

50. Wie erbittet man die Heilung in der Wurzel einer ungültig geschlossenen Ehe?

Das Gesuch um Heilung in der Wurzel wird ebenfalls *brieflich* gestellt. Der Priester, der sich mit der Bitte um diese Gnade an die Pönitentiarie wendet, muss angeben:

- wie er von der Ungültigkeit der Ehe Kenntnis erlangt hat;
- warum die Ehe ungültig ist;
- warum man um Gewährung der Gnade im *forum internum* bittet;
- ob nur ein Partner oder beide die Heilung erbitten;
- im Falle, dass nur ein Partner darum bittet, ob die andere Seite über den Antrag informiert ist[8].

8 Vgl. Musterbrief, S. 56.

51. Ist es notwendig, dass der Antrag auf Heilung in der Wurzel vom Priester auf Bitten beider Ehepartner geschickt wird?

Nicht unbedingt. Der Antrag kann auf Bitten von beiden oder von einem der beiden Ehepartner gestellt werden, auch ohne Wissen des anderen (vgl. can. 1164 CIC). Es ist angebracht, dass der oder die Antragsteller die Protokollnummer des Reskripts für den Fall aufbewahren, dass später einmal ein Beweismittel nötig würde. Wenn der Priester von der Ungültigkeit der Ehe innerhalb der Beichte erfahren hat, müssen der Inhalt und die Protokollnummer des Reskripts der Apostolischen Pönitentiarie dem Antragsteller beziehungsweise den Antragstellern in einer neuen Beichte mitgeteilt werden; das Reskript selbst ist anschließend zu vernichten, um jede Gefahr der Verletzung des Beichtgeheimnisses zu vermieden.

V. MESSVERPFLICHTUNGEN

52. Ist die Apostolische Pönitentiarie zuständig für den Bereich der Messstipendien und der daraus erwachsenden Verpflichtungen, heilige Messen zu feiern und zu applizieren?

Die Annahme einer Messintention und des dazugehörigen Stipendiums bedeutet für den Priester eine schwerwiegende Verpflichtung. Die Gerechtigkeit verlangt, dass er diese Verpflichtung erfüllt, sei es, in dem er die Messe selbst feiert, sei es, indem er dafür sorgt, dass ein anderer es tut. Darüber hinaus gibt es Zelebrationsverpflichtungen, für die kein Messstipendium entgegengenommen wird, z.B. die Messe *pro populo*, zu der die Pfarrer verpflichtet sind (vgl. can. 534 CIC). Wenn ein Priester nicht in der Lage ist, die Anzahl von heiligen Messen zu feiern, zu der er verpflichtet ist, kann er über seinen Beichtvater bei der Apostolischen Pönitentiarie um eine zahlenmäßige Reduktion dieser Messverpflichtungen bitten.

53. Kann die Apostolische Pönitentiarie die Reduktion von Messverpflichtungen gewähren, die in die Verantwortung von juristischen Personen oder Institutionen fallen?

Falls eine juristische Person oder Institution, zum Beispiel ein Seminar oder eine Diözesankurie, die Verantwortung für Messverpflichtungen hat, kann die Pönitentiarie diese Art von Gnadenerweis nicht gewähren. Dessen Zweck besteht nämlich insbesondere darin, das Seelenheil und den guten Ruf des Priesters zu schützen. Daher ist es im Fall einer Institution nötig, sich im *forum externum* an das Dikasterium für den Klerus zu wenden.

54. Wie muss ein Beichtvater vorgehen, wenn sich in der Beichte der Fall eines Priesters ergibt, der die Messverpflichtungen, die er angenommen hat, nicht erfüllt hat?

Ein Priester, der wirklich nicht in der Lage ist, die Messen, deren Feier ihm aufgetragen wurde, persönlich oder durch andere zu applizieren, kann durch seinen Beichtvater darum nachsuchen, dass ihm eine Reduktion gewährt wird. Dazu muss der Beichtvater einen Brief an die Apostolische Pönitentiarie richten, ohne den Namen des Priesters, der bei ihm gebeichtet hat, zu nennen. Der Brief muss folgende Angaben enthalten:

- die Anzahl der Messen, die nicht appliziert wurden;
- den Grund, weshalb der Priester sie nicht appliziert hat und wie er das dafür erhaltene Geld verwendet hat;
- das ungefähre Alter des Priesters;
- seinen Gesundheitszustand;
- die Anzahl der Messen, die er selbst feiern oder durch andere Priester feiern lassen kann[9].

Die Apostolische Pönitentiarie wertet die Informationen des Schreibens aus und reduziert dann die Anzahl der vom reuigen Priester nicht applizierten Messen, indem sie ihm auferlegt, eine geringere Zahl von Messen zu feiern oder durch andere feiern zu lassen. Der Rest der Messen wird durch den „Kirchenschatz“[10] gedeckt. Der Großpönitentiar muss in einer Privataudienz den Heiligen Vater über alle Fälle von Reduktionen der Verpflichtungen zur Feier von heiligen Messen unterrichten.

---

9 Vgl. Musterbrief, S. 58.

10 Der Ausdruck „Kirchenschatz“ ist nicht als die Summe von materiellen Gütern im Besitz der Kirche zu verstehen, sondern als der unendliche und unerschöpfliche Wert, den bei Gott die Sühneleistungen und Verdienste Christi, unseres Herrn, haben. Außerdem gehört zu diesem Schatz auch der unermessliche Wert, den vor Gott die Gebete und guten Werke der seligen Jungfrau Maria und aller Heiligen besitzen (vgl. Clemens VI., Jubiläumsbulle *Unigenitus Dei Filius*, in: Paul VI., Ap. Konst. *Indulgentiarum doctrina*; vgl. *Katechismus der Katholischen Kirche* Nr. 1476ff.).

VI. VERSCHIEDENES

55. Ist es möglich, dem Gerichtshof der Apostolischen Pönitentiarie Fragen zur Moral oder dem Kirchenrecht vorzulegen?

Es versteht sich, dass ein Priester oder eine andere Person, die einen Zweifel im Bereich der Moral oder des Kirchenrechts hat, zunächst, bevor man sich an die Apostolische Pönitentiarie wendet, versucht, die Antwort selbst zu finden, etwa durch den Rückgriff auf Dokumente des Lehramts der Kirche oder Aussagen anerkannter Autoren. Aber da Priester in der Ausübung ihres Dienstamtes mit sehr komplexen Fragestellungen konfrontiert sein können, besteht die Möglichkeit, Fragen zu konkreten Fällen moralischer oder kirchenrechtlicher Art dem Gerichtshof der Apostolischen Pönitentiarie vorzulegen. Dabei muss vermieden werden, die Namen der betroffenen Personen zu erwähnen. Stattdessen können erfundene Namen verwendet werden[11]. Dieses Dikasterium hört bei Bedarf die Meinung ihrer Prälaten an und sendet eine Antwort, wie in der geschilderten Situation vorzugehen ist. Es muss sich immer um konkrete Tatsachen handeln und die Antwort darf weder verallgemeinert noch verbreitet werden.

11 Vgl. Musterbrief S. 60.

VII. DIE GLÄUBIGEN DER ORIENTALISCHEN KIRCHEN

56. Treffen die Strafen *latae sententiae* die Gläubigen der orientalischen Kirchen?

Hinsichtlich der Gläubigen eines orientalischen Ritus muss hervorgehoben werden, dass diese nicht der Strafdisziplin des lateinischen Ritus unterstehen; insbesondere unterstehen sie nicht den Strafen *latae sententiae*, da dieses Institut der orientalischen Rechtstradition fremd ist, die nur die Strafen *ferendae sententiae* kennt. Dennoch hat der im Oktober 1991 in Kraft getretene *Codex Canonum Ecclesiarium Orientalium* an zwei konkreten Sünden festgehalten, von denen nicht jeder Beichtvater lossprechen kann, da sie dem Heiligen Stuhl vorbehalten sind. Die genannten dem Heiligen Stuhl reservierten Sünden, die in can. 728 § 1, 1° und 2° CCEO angegeben sind, fallen in den Zuständigkeitsbereich der Apostolischen Pönitentiarie und sind: die direkte Verletzung des sakramentalen Beichtgeheimnisses und die Lossprechung des Mitschuldigen bei einer Sünde gegen die Keuschheit.

57. Wann wird der Vorbehalt einer Sünde im orientalischen Recht unwirksam?

Diesbezüglich ist zu bemerken, dass der Vorbehalt seine Wirksamkeit verliert, wenn

- der Pönitent krank ist und das Haus nicht verlassen kann oder
- wenn man nach dem klugen Ermessen des Beichtvaters die zuständige Autorität nicht um die Vollmacht bitten kann, ohne dass dem Pönitenten schwerer Nachteil oder eine Gefahr für die Verletzung des Beichtsiegels entstehen könnte (vgl. can. 729, 1° und 2° CCEO).

58. Ist die Absolution des bei einer Sünde gegen die Keuschheit Mitschuldigen gemäß dem CCEO gültig?

Die Absolution des bei einer Sünde gegen die Keuschheit Mitschuldigen ist außer in Todesgefahr auch für die orientalischen Gläubigen kraft can. 730 CCEO ungültig.

59. Welche besonderen Situationen können sich hinsichtlich der Lossprechung von reservierten Sünden ergeben?

Wenn es sich um die oben genannten reservierten Sünden handelt, könnten folgende Situationen eintreten:

a. Ein Priester des orientalischen Ritus beichtet bei einem Priester des orientalischen Ritus
In diesem Fall wird das angewendet, was can. 728 CCEO vorsieht und man muss an die Apostolische Pönitentiarie rekurrieren[12].

b. Ein Priester des orientalischen Ritus beichtet bei einem Priester des lateinischen Ritus
In diesem Fall ist der Pönitent nicht der Exkommunikation verfallen, weil er dem CCEO untersteht. Da der Beichtvater hingegen dem lateinischen Ritus angehört, wären seine Vollmachten hinsichtlich reservierter Sünden theoretisch nicht begrenzt; dennoch würde die Zielsetzung des Gesetzes der reservierten Sünden einen Rekurs an die Apostolische Pönitentiarie erfordern, um von der reservierten Sünde loszusprechen. Er kann ihm auch einfach die Lossprechung geben, wenn der Vorbehalt seine Geltung entsprechend den Kriterien des can. 729 CCEO verliert, wie schon unter der Nr. 57 erklärt.

12 Vgl. Musterbrief, S. 62.

60. Wie muss ein Beichtvater des orientalischen Ritus gegenüber einem Gläubigen des lateinischen Ritus handeln, der einer dem Apostolischen Stuhl reservierten Strafe verfallen ist?

Wenn ein Pönitent des lateinischen Ritus einer Strafe aufgrund einer dem Apostolischen Stuhl reservierten Straftat verfallen ist und der Beichtvater dem orientalischen Ritus angehört, könnte dieser die von can. 1357 CIC gewährte Vollmacht Gebrauch machen und ihn von der Strafe lossprechen, jedoch mit der Verpflichtung an die Pönitentiarie zu rekurrieren. Alternativ kann er sich an diese wenden, indem er vorher alle für diese Straftaten notwendigen Elemente angibt und dann die Vollmacht erbittet, um ihn von der Strafe loszusprechen (vgl. Frage 25).

61. Können sich die Gläubigen der orientalischen Kirchen in allen anderen Zuständigkeitsbereichen des *forum internum* an die Apostolische Pönitentiarie wenden?

Allen orientalischen Gläubigen steht es frei und es kann sogar notwendig sein, sich in allen ihren Zuständigkeitsbereichen des *forum internum* (Heilungen, Dispensen, Gültigmachungen, Lösen von Zweifeln, etc.) an die Apostolische Pönitentiarie zu wenden. Bezüglich der Art und des Inhalts des Rekurses ist all das entsprechend zu berücksichtigen, was oben für die Gläubigen des lateinischen Ritus gesagt wurde.

VIII. ABLÄSSE

62. Kann die Apostolische Pönitentiarie Ablässe gewähren?

Die Apostolische Pönitentiarie ist das einzige Dikasterium der römischen Kurie, dem die Gewährung von Ablässen zusteht.

63. Auf welche Weise können Ablässe erbeten werden?

Ein Antrag auf Gewährung eines Ablasses wird nur per Post oder per Fax eingereicht. Der Antrag muss den Grund für die Bitte und, falls nicht der Ortsordinarius selbst die Anfrage verfasst hat, immer auch die Zustimmung des Diözesanbischofs oder zumindest der zuständigen Diözesankurie enthalten[13].

64. Zu welchen Anlässen können Ablässe erbeten werden?

Die Anlässe können verschieden sein: Jubiläen in Bistümern, in Pfarreien oder von heiligen Orten; Priesterjubiläen; Nachprimizen; Treffen von Ordensinstituten oder internationalen Vereinigungen etc.

65. Wie lange ist die Bearbeitungszeit für einen Antrag?

Es wird empfohlen, die Anträge auf die Gewährung von Ablässen mit ausreichender Vorlaufzeit abzuschicken, damit das entsprechende Dekret rechtzeitig eintrifft.

66. Sind die Ablässe heute noch von Bedeutung?

Gewiss, denn sie kommen uns aus dem Schatz der Verdienste unseres Herrn Jesus Christus, der allerseligsten Jungfrau und aller Heiligen zu.

---

13 Vgl. Musterbrief, S. 63.

In den letzten Jahren hat die Zahl der Anträge auf die Gewährung von Ablässen deutlich zugenommen: Allein im Jahr 2022 waren es 1.376.

SCHLUSSBEMERKUNGEN

Nach der Lektüre dieser Fragen und Antworten hoffen wir, dass es dem Leser gelungen ist, sich ein Bild davon zu machen, was die Apostolische Pönitentiarie ist: eine Einrichtung im Dienst der Beichtväter und der Pönitenten. Mit vollem Recht kann man sie ein „Gericht der Barmherzigkeit" nennen, da ihre Hauptaufgabe darin besteht, dem Gläubigen im Vollzug der Versöhnung mit Gott und der Kirche zu helfen, nachdem er sich in eine Situation begeben hat, die sein ewiges Heil gefährdet. Die Apostolische Pönitentiarie übt ihre Rechtsprechung nicht in der Art und Weise aus, wie man es von Autoritäten im *forum externum* gewohnt ist, da bei ihr immer die Anonymität des Gläubigen garantiert ist. Auch gibt es bei ihr keine Auseinandersetzung zwischen verschiedenen Parteien, die ihre Interessen verteidigen: Die Apostolische Pönitentiarie ist kein Gericht, an das sich ein Gläubiger wendet, um die Verhängung einer Strafe über einen anderen Gläubigen zu verlangen.

Das Vorhandensein des *forum internum* in der Kirche ist ein Gut von unschätzbarem Wert, das nur dann richtig verstanden werden kann, wenn man die Kriterien Gottes kennt. Das *forum internum* ist direkt auf das Seelenheil ausgerichtet, und es ist sehr nützlich, dass es existiert, damit der Gläubige, ohne den Verlust seines guten Rufs zu erleiden, ein neues Leben in Harmonie mit Gott beginnen kann. Denn es gibt kein „Recht, alles über alle zu wissen", und die Verbreitung von Skandalgeschichten über das Böse kann negative Folgen haben, sei es für die betroffene Person selbst, sei es für die Gesellschaft, in der sie lebt.

Der gute Hirte, der sich auf die Suche nach dem verlorenen Schaf macht, muss große Wertschätzung für das *forum internum* haben und es auf heroische Weise verteidigen. Das soll nicht bedeuten, „das Böse zu vertuschen", sondern es geht darum, am Heilsplan Gottes zum Wohl der Menschen mitzuwirken. Nach dem Ende des irdischen Pilgerwegs wird jeder von uns von Gott gerichtet werden, und sein Urteil wird vollkommen sein, frei von jedem Irrtum. Dabei werden sich auf geheimnisvolle Weise die göttlichen Eigenschaften der Barmherzigkeit und der

Gerechtigkeit verbinden. Vergessen wir nicht die Worte des Herrn: „Ich sage euch: Ebenso wird auch im Himmel mehr Freude herrschen über einen einzigen Sünder, der umkehrt, als über neunundneunzig Gerechte, die es nicht nötig haben umzukehren“ (Lk 15,7).

ANHANG 1

Die Formeln für die Absolution von Beugestrafen und die Dispens von Irregularitäten finden sich im Anhang I des *Ordo Paenitentiae* von 1974, den wir im Folgenden zitieren:

FORMEL FÜR DIE LOSSPRECHUNG VON KIRCHENSTRAFEN (Exkommunikation, Interdikt oder Suspension)

Kraft der mir verliehenen Vollmacht spreche ich dich los von der Exkommunikation (vom Interdikt, von der Suspension). Im Namen des Vaters und des Sohnes ✠ und des Heiligen Geistes

Der Losgesprochene antwortet: Amen[14].

FORMEL FÜR DIE DISPENS VON IRREGULARITÄT

Kraft der mir verliehenen Vollmacht befreie ich dich von der Irregularität, die du dir zugezogen hast. Im Namen des Vaters und des Sohnes ✠ und des Heiligen Geistes.

Der Dispensierte antwortet: Amen.

---

14 Ein Beichtvater kann von den Beugestrafen auch lossprechen, indem er die für die Absolution von den Sünden übliche Formel *mit der Intention verwendet*, damit gleichzeitig auch die Strafen aufzuheben (vgl. *Die Feier der Buße*, Anhang I, Nr. 1).

ANHANG 2

MUSTER FÜR REKURSE

Im Folgenden werden einige Beispiele *fiktiver* Rekurse vorgestellt, um ein besseres Verständnis dafür zu vermitteln, wie man sich in den oben angeführten Situationen an das Gericht der Apostolischen Pönitentiarie wenden muss.

a) Im Fall der Verunehrung der eucharistischen Gestalten

Seiner Eminenz
Hwst. Herrn Kardinal
X Y
Großpönitentiar
Tribunale della Penitenzieria Apostolica
00120 CITTÀ DEL VATICANO

Ort und Datum

Eminenz, hochwürdigster Herr Kardinal,

Hiermit wende ich mich an Eure Eminenz, um Sie darüber zu informieren, dass ich heute Morgen als Dringlichkeitsfall den Pönitenten X absolviert habe, der sich angeklagt hat, die heiligen Gestalten zwei Mal verunehrt zu haben. Es handelt sich um einen Mann von ungefähr dreißig Jahren, der mir psychisch gesund erschien. Nachdem er in zwei heiligen Messen die heilige Kommunion auf die Hand empfing, nahm er diese mit nach Hause, ohne sie zu konsumieren. Bei einer Gelegenheit hat er die Hostie in ... und bei anderer Gelegenheit in ... geworfen. Er hat gebeichtet, diese verwerflichen Handlungen als „Rache“ gegen Gott begangen zu haben, da er seit zwei Jahren keinen Arbeitsplatz findet.

In Anbetracht seiner aufrichtigen Reue und seiner guten Vorsätze hielt ich es für angemessen, von der mir durch can. 1357 gewährten Vollmacht Gebrauch zu machen und ihn von den Beugestrafen und allen seinen Sünden loszusprechen. Ich habe ihm als vorläufige Buße auferlegt, einmal in der Woche zehn Minuten lang zur Anbetung des Allerheiligsten zu gehen, bis ich ihm die Buße mitgeteilt haben werde, die ihm dieses Gericht auferlegen wird.

In der Hoffnung, dass die oben aufgeführten Angaben ausreichend sind, verbleibe ich hochachtungsvoll

Euer Eminenz
im Herrn ergebener

(*Unterschrift*)

b) Im Fall direkter Verletzung des Beichtgeheimnisses

Seiner Eminenz
Hwst. Herrn Kardinal
X Y
Großpönitentiar
Tribunale della Penitenzieria Apostolica
00120 CITTÀ DEL VATICANO

Ort und Datum

Eminenz, hochwürdigster Herr Kardinal,

gestern Abend hat Pfarrer X, ein Priester von ungefähr 40 Jahren, als Pönitent meinen Beichtstuhl aufgesucht. Er hat gebeichtet, das Beichtgeheimnis am vergangenen Montag direkt gebrochen zu haben.

Pfarrer X hat gebeichtet, dass er bei einer Dekanatsversammlung während der Pause anderen Mitbrüdern gegenüber geäußert hat, dass der Priester Y Alkoholprobleme habe und dass ihm seine Ernennung zum Seminarregens als äußerst unklug erscheine. Pfarrer X hatte über diese Probleme Kenntnis, weil der Priester Y ihm oft gebeichtet hat, das Maß beim Trinken überschritten zu haben. Da Pfarrer X die Ernennung eines Seminarregens verhindern wollte, den er für ungeeignet hielt, hat er diese Bemerkung im Kreis von Mitbrüdern gemacht.

Nach dem Hören seiner Beichte habe ich ihm erklärt, dass ein Beichtvater niemals die Sünden offenlegen darf, von denen er in der Beichte erfahren hat, selbst wenn es sich dabei um einen scheinbar legitimen Zweck handelt. Im Fall von Pfarrer X waren die beiden Elemente für die Verletzung des Beichtgeheimnisses in der Tat gegeben: die gebeichtete Sünde wie auch die Identität des Pönitenten.

Pfarrer X bereut sein Handeln aufrichtig. Er denkt, dass der hervorgerufene Schaden nicht sehr groß war, da die dort anwesenden Mitbrüder ohnehin Kenntnis über das Problem des Priesters Y hatten. Pfarrer X ist ein Beichtvater, der gewöhnlich in diesem Bereich klug ist und von den Pönitenten aufgrund seiner weisen Ratschläge sehr geschätzt wird.

In Anbetracht seiner aufrichtigen Reue und der guten Vorsätze hielt ich es für angemessen, von der durch can. 1357 mir gewährten Vollmacht Gebrauch zu machen und ihn von der Beugestrafe und allen seinen Sünden loszusprechen. Pfarrer X wird in vier Wochen zu meinem Beichtstuhl zurückkehren. Ich habe ihm als vorläufige Buße auferlegt, einmal in der Woche die fünf Geheimnisse des heiligen Rosenkranzes zu beten, bis ich ihm die Buße mitgeteilt haben werde, die dieses Gericht auferlegen wird.

Indem ich Sie meiner besonderen Hochachtung versichere, verbleibe ich

Euer Eminenz
im Herrn ergebener

(*Unterschrift*)

c) Im Fall der Absolution des Mitschuldigen an einer Sünde gegen das sechste Gebot des Dekalogs

Seiner Eminenz
Hwst. Herrn Kardinal
X Y
Großpönitentiar
Tribunale della Penitenzieria Apostolica
00120 CITTÀ DEL VATICANO

Ort und Datum

Eminenz, hochwürdigster Herr Kardinal,

mit diesem Schreiben möchte ich Eurer Eminenz einen Fall unterbreiten, welcher der Zuständigkeit dieses Gerichts obliegt. Hier die Fakten: Der Priester X, ein Diözesanpriester von ungefähr vierzig Jahren, der an von mir gepredigten Exerzitien teilnimmt, hat mich gebeten, ihm die Beichte abzunehmen. Heute Morgen hat er mich mit tiefer Reue aufgesucht und hat mir eröffnet, dass er das Sakrament der Buße seit ungefähr fünf Jahren nicht mehr empfangen hat. Er hatte nämlich eine mit ihm Mitschuldige an einer Sünde gegen das sechste Gebot des Dekalogs „losgesprochen". Die Mitschuldige war eine volljährige Frau von ungefähr 25 Jahren, ledig, mit der er die Sünde der ... begangen hat. Diese Frau hatte wenige Tage darauf bei ihm gebeichtet, weil sie sagte, sie würde sich schämen, bei einem anderen Priester zu beichten. Der Priester X betrachtete das Geschehene als nicht allzu schwerwiegend und hat sie von allen ihren Sünden losgesprochen.

Der Priester X hat mir darüber hinaus gesagt, dass ihm in jener Beichte der Mut fehlte, dieser Frau zu sagen, dass er sie von dieser Sünde nicht lossprechen könne. Er bereut seine Tat sehr und seit dieser Beichte hat er die Frau nicht mehr gesehen. Er hat erkannt, dass er diese Sünde in einem Augenblick der Schwäche begangen hat, und hat beschlossen, weitere Kontakte mit dieser Frau zu vermeiden.

Ich habe dem Priester X erklärt, dass jegliche Sünde gegen das sechste Gebot, die von einem Priester äußerlich mit einer anderen Person begangen wurde, von diesem nicht losgesprochen werden kann, außer in Todesgefahr, wie von can. 977 CIC festgelegt.

Ich kenne den Priester X seit circa fünf Jahren. Er führt ein des priesterlichen Amtes würdiges Leben, feiert jeden Tag die heilige Messe, ist dem Stundengebet treu und zeichnet sich durch christliche Wohltätigkeit aus.

In Anbetracht seiner aufrichtigen und tiefen Reue sowie seiner guten Vorsätze hielt ich es für angemessen, von der durch can. 1357 mir gewährten Vollmacht Gebrauch zu machen und ihn von der Beugestrafe und allen seinen Sünden loszusprechen. Der Priester X wird mich in drei Wochen erneut aufsuchen. Ich habe ihm als vorläufige Buße einmal in der Woche die betrachtende Lektüre einiger von mir angegebener Seiten des Evangeliums auferlegt, bis ich ihm die Buße mitgeteilt haben werde, die das Gericht der Apostolischen Pönitentiarie festlegen wird.

In Dankbarkeit für Ihre Mühen verbleibe ich mit vorzüglicher Hochachtung

Euer Eminenz
im Herrn ergebener

(*Unterschrift*)

d) Im Fall der Irregularität zum Empfang der heiligen Weihen

Seiner Eminenz
Hwst. Herrn Kardinal
X Y
Großpönitentiar
Tribunale della Penitenzieria Apostolica
00120 CITTÀ DEL VATICANO

Ort und Datum

Eminenz, hochwürdigster Herr Kardinal,

mein Name ist Pfarrer..., Bußkanoniker der Kathedrale von ... in ... und geistlicher Begleiter des Seminaristen X. In einem Gespräch mit dem genannten Seminaristen eröffnete mir dieser, dass der Dozent in einer Kirchenrechtsvorlesung die Irregularitäten behandelt hat. X erzählt mir, dass er sich beunruhigte, weil er vor ungefähr 11 Jahren, als er 19 Jahre alt war und kaum praktizierte, seiner Freundin geraten hat, abzutreiben, als er erfuhr, ihre Schwangerschaft verursacht zu haben. Beide hatten ihre eigenen Ersparnisse verwendet, um dieses Verbrechen zu finanzieren, das er sehr bereut hat. Einige Jahre später verspürte er den Ruf des Herrn und beschloss, ins Seminar einzutreten. Vorher beichtete er jedoch diese Sünde einem Beichtvater eines Wallfahrtsortes seiner Diözese. Dieser Beichtvater machte ihn allerdings nicht auf die Irregularität aufmerksam, der er aufgrund der Mitwirkung an der Abtreibung verfallen war.

Als Seelenführer von X kann ich bezeugen, dass er sich im Seminar während dieser Jahre vorbildlich verhalten hat und seine Oberen eine hohe Meinung von ihm haben. X ist ein Mann des Gebetes, der sich sehr dem Apostolat widmet, die Tugend der Keuschheit hochhält und an Veranstaltungen zum Schutz und zur Verteidigung des Lebens teilnimmt.

Seine Diakonatsweihe wird in fünf Monaten stattfinden, deshalb bitte ich Eure Eminenz um die Dispens von der Irregularität *ad recipiendos ordines*.

In Dankbarkeit für die Aufmerksamkeit, die Sie diesem Fall widmen, bringe ich Ihnen meine vorzügliche Hochachtung zum Ausdruck.

Euer Eminenz
im Herrn ergebener

(*Unterschrift*)

e) Im Fall der Irregularität zur Ausübung der heiligen Weihen

Seiner Eminenz
Hwst. Herrn Kardinal
X Y
Großpönitentiar
Tribunale della Penitenzieria Apostolica
00120 CITTÀ DEL VATICANO

Ort und Datum

Hochwürdigste Eminenz,

mein Name ist Pfarrer ..., ich bin Bußkanoniker der Kathedrale von ... in ... Heute Nachmittag habe ich die Beichte von Pater Sempronius gehört, einem Priester, der Mitglied eines Instituts des geweihten Lebens und ungefähr 35 Jahre alt ist. Er hat gebeichtet, bei einer Abtreibung eines von ihm gezeugten Kindes mitgewirkt zu haben, indem er für die Frau das hierfür notwendige Geld besorgte.

Pater Sempronius bereut das, was er damals vor seiner Berufung getan hat, sehr. Jetzt studiert er kanonisches Recht. Im vergangenen März hatte er die Möglichkeit, an dem von der Pönitentiarie veranstalteten Kurs über das *forum internum* teilzunehmen, und bemerkte dabei, dass er aufgrund jener schweren Sünde seines vergangenen Lebens als Laie, von der er vor dem Seminareintritt bereits losgesprochen worden war, der Irregularität zur Ausübung der heiligen Weihen verfallen ist. Mit diesem Schreiben bitte ich Eure Eminenz um die Dispens von der Irregularität zur Ausübung der heiligen Weihen.

Pater Sempronius feiert täglich die heilige Messe, betet regelmäßig das Stundengebet und erfüllt seinen Dienst mit Eifer.

In Dankbarkeit für Ihr Wohlwollen verbleibe ich hochachtungsvoll
Euer Eminenz
im Herrn ergebener

(*Unterschrift*)

f) Im Fall der Heilung einer ungültig geschlossenen Ehe

Seiner Eminenz
Hwst. Herrn Kardinal
X Y
Großpönitentiar
Tribunale della Penitenzieria Apostolica
00120 CITTÀ DEL VATICANO

Ort und Datum

Eminenz, hochwürdigster Herr Kardinal,

mein Name ist Pfarrer ..., ich bin Kaplan des Krankenhauses St. ... in .... Heute Morgen führte ich ein langes Gespräch mit Frau AB, einer krebskranken Patientin, die sich gegenwärtig einer Chemotherapie unterzieht. Die genannte Frau ist seit 25 Jahren zivil mit CD verheiratet, der katholisch, aber nicht praktizierend ist. Dieser hatte vor ungefähr 30 Jahren einen Streit mit seinem Bischof und von diesem Augenblick an wollte er mit der Kirche nichts mehr zu tun haben.

Sowohl AB als auch CD sind frei von Hindernissen, die sakramentale Ehe einzugehen. Sie haben vier Kinder, die alle getauft und im Glauben erzogen sind.

Die Frau leidet darunter, die Sakramente aufgrund ihrer irregulären ehelichen Situation nicht empfangen zu können. Sie ist eine gläubige Person und besucht regelmäßig die heilige Messe.

Heute Morgen habe ich mit ihr über die Möglichkeit gesprochen, die *sanatio in radice* ihrer Ehe zu erbitten, und ich habe ihr gesagt, dass diese vom Heiligen Stuhl im *forum internum* gewährt werden kann. AB war über diese Möglichkeit sehr erfreut und bittet durch mich um die Gewährung dieser Gnade. Sie hat mir versichert, dass mit CD eine wahre eheliche Absicht fortbesteht und dass sie bis zum Tod zusammen bleiben werden.

Ich bin der Meinung, dass in diesem Fall die Gewährung der Heilung aufgrund der oben genannten Gründe gerechtfertigt wäre, auch wenn CD keine Kenntnis über den Antrag von AB hat.

In hoffnungsvoller Erwartung einer positiven Antwort danke ich für Ihre Mühen und verbleibe mit vorzüglicher Hochachtung,

Euer Eminenz
im Herrn ergebener

(*Unterschrift*)

g) Im Fall eines Priesters, der verhindert ist, Messen für alle empfangenen Stipendien zu applizieren

Seiner Eminenz
Hwst. Herrn Kardinal
X Y
Großpönitentiar
Tribunale della Penitenzieria Apostolica
00120 CITTÀ DEL VATICANO

Ort und Datum

Hochwürdigste Eminenz,

mein Name ist Pfarrer ..., ich bin Beichtvater im Wallfahrtsort ... in .... Heute Morgen hat der Priester X meinen Beichtstuhl aufgesucht, ein Diözesanpriester von ungefähr 80 Jahren, der Kaplan eines Schwesternklosters ist. Mit großer Sorge hat er mir gesagt, dass er in den vergangenen Jahren ungefähr 5000 Messstipendien empfangen hat, sie aber nicht appliziert hat. Mit diesem Geld hat er seinem Bruder geholfen, der ernste finanzielle Schwierigkeiten hatte und noch hat.

Der Priester X erfreut sich für sein Alter einer guten Gesundheit, aber es ist offensichtlich, dass er voraussichtlich in seiner verbleibenden Lebenszeit nicht im Stande sein wird, eine so große Zahl von heiligen Messen zu applizieren – sowohl aufgrund seines Alters als auch weil er an vielen Tagen die heilige Messe nach der Meinung der Schwestern applizieren muss.

Der Priester X möchte das irdische Leben nicht mit dieser Gewissenslast verlassen. Er denkt, dass er selbst 50 heilige Messen applizieren und durch seine Ersparnisse weitere 100 von anderen Priestern feiern lassen könnte.

Der Priester X bereut das, was er getan hat, sehr und verspricht, keine Messstipendien mehr anzunehmen, die er nicht applizieren kann.

Durch mich bittet er nun um eine Herabsetzung seiner Verpflichtung zur Zelebration der bestellten heiligen Messen.

In Dankbarkeit verbleibe ich hochachtungsvoll

Euer Eminenz
im Herrn ergebener

(*Unterschrift*)

h) Im Fall eines moralischen Zweifels

Seiner Eminenz
Hwst. Herrn Kardinal
X Y
Großpönitentiar
Tribunale della Penitenzieria Apostolica
00120 CITTÀ DEL VATICANO

Ort und Datum

Hochwürdigste Eminenz,

mein Name ist Pfarrer ..., ich bin Beichtvater von Marco, einem verheirateten Mann von ungefähr 50 Jahren, der Vater von sechs Kindern ist, die alle im Glauben erzogen wurden und regelmäßig die Kirche besuchen. Er arbeitet viel, um für den Unterhalt seiner großen Familie zu sorgen. Ich möchte hinzufügen, dass er Mitglied einer kirchlichen Bewegung ist und dass er täglich an der heiligen Messe teilnimmt. Maria, seine Ehefrau, widmet sich sehr der Familie, verfügt aber nicht über eine tiefere religiöse Bildung: Sie geht zwar jeden Sonntag zur heiligen Messe, tut dies aber eher, um ihre Familie zu begleiten.

Anna, die jüngste Tochter, ist 16 Jahre alt und wurde mit einer geistigen Behinderung geboren. Sie hat die Intelligenz eines Mädchens von sieben Jahren. Ihre Eltern bringen sie jeden Tag zu einer Sonderschule für Kinder mit kognitiven Störungen. Anna hat in dieser Schule viele Freunde und spielt mit ihnen.

Marco hat mich aufgesucht, um mich in einer recht heiklen Situation um Rat zu bitten, die ihn sehr besorgt. Seine Tochter Anna hat sich in Johannes verliebt, einen ihrer Schulkameraden, der an einer ähnlichen geistigen Behinderung wie Anna leidet. Marco ist sehr beunruhigt, dass seine Tochter schwanger werden könnte. Allen ist klar, dass Anna aufgrund ihrer geistigen Behinderung nicht die Voraussetzungen aufweist, um Mutter zu werden; sie ist auch nicht im Stande, dies zu verstehen.

Sowohl Marco als auch seine Frau machen sich wegen dieses Problems, das ein reales Risiko darstellt, große Sorgen. Maria hat die Meinung verschiedener Ärzte eingeholt, aber ihre Antworten erscheinen Marco im Widerspruch zur Lehre der Kirche. Einige Ärzte haben zur Sterilisation geraten; andere zum Gebrauch von Verhütungsmitteln. Aus diesem Grund hat Marco mich gefragt, wie er in dieser Situation handeln soll.

Hiermit möchte ich die Meinung des Gerichtes der Apostolischen Pönitentiarie einholen, um Marco in dieser schwierigen Situation Orientierung zu geben.

Indem ich Ihnen meine vorzügliche Hochachtung zum Ausdruck bringe, verbleibe ich

Euer Eminenz
im Herrn ergebener

(*Unterschrift*)

i) Im Fall einer reservierten Sünde, die von einem Gläubigen des orientalischen Ritus begangen wurde

Seiner Eminenz
Hwst. Herrn Kardinal
X Y
Großpönitentiar
Tribunale della Penitenzieria Apostolica
00120 CITTÀ DEL VATICANO

Ort und Datum

Eminenz, hochwürdigster Herr Kardinal,

mein Name ist Pater ..., ich bin Priester des byzantinischen Ritus. Ich wende mich an Eure Eminenz, um die Vollmacht zu erbitten, den Priester X, der ungefähr 30 Jahre alt ist, von der reservierten Sünde der direkten Verletzung des Beichtgeheimnisses zu absolvieren.

Hier die Fakten: Vor ungefähr einem Monat hatte Frau Y dem genannten Priester gebeichtet, ihren Ehemann betrogen zu haben. Vor einigen Tagen hat der Priester X Pfarrer Z gesagt, dass er diese Frau gut kenne: „Y ist ihrem Mann nicht sehr treu und ich fürchte, dass dies eines Tages bekannt wird und diese Ehe in die Brüche geht."

Der genannte Priester hat mich, erfüllt von tiefer Reue über das, was er offengelegt hat, aufgesucht und mich gebeten, seinen Fall dem Gericht der Apostolischen Pönitentiarie vorzulegen, um von dieser reservierten Sünde losgesprochen werden zu können.

Ich danke Ihnen im Voraus für die Vollmacht, die ich erhalten werde, und versichere Sie meines Gedenkens im Gebet.

Euer Eminenz
im Herrn ergebener

(*Unterschrift*)

j) Bitte um einen vollkommenen Ablass

Seiner Eminenz
Hwst. Herrn Kardinal
X Y
Großpönitentiar
Tribunale della Penitenzieria Apostolica
00120 CITTÀ DEL VATICANO

Ort und Datum

Betreff: Bitte um vollkommenen Ablass anlässlich ...

Eminenz, hochwürdigster Herr Kardinal,

am ... wird der Jahrestag von .... begangen werden.

Um den geistlichen Eifer der Gläubigen unserer Diözese zu erneuern und dem Herrn für die empfangenen Wohltaten zu danken sowie um das Feuer des Glaubens und den missionarischen Eifer der Gläubigen zu stärken, werden verschiedene Feiern stattfinden:...

Ich bitte deshalb demütig darum, dass alle Gläubigen vom Tag ... an, an dem das Jubeljahr feierlich eröffnet wird, bis zum Tag ..., an dem dasselbe beschlossen wird, durch den Besuch der Kirche ... in ... den vollkommenen Ablass unter den gewöhnlichen Bedingungen gewinnen können und dass die Kranken und all diejenigen, die an der Teilnahme verhindert sind, ebenfalls den vollkommenen Ablass gewinnen können, indem sie ihre Leiden dem Herrn aufopfern und Frömmigkeitsübungen verrichten.

In Dankbarkeit für die Gewährung verbleibe ich mit herzlichen Grüßen hochachtungsvoll
Euer Eminenz
im Herrn ergebener

✠ ...
Bischof von ...

(*Unterschrift*)

ANHANG 3

NOTE DER APOSTOLISCHEN PÖNITENTIARIE ÜBER DIE BEDEUTUNG DES INTERNEN FORUMS UND DIE UNVERLETZLICHKEIT DES SAKRAMENTALEN SIEGELS

„Der Sohn Gottes, hat sich in seiner Menschwerdung gewissermaßen mit jedem Menschen vereinigt“[1]; mit seinen Gesten und Worten hat er die erhabene und unantastbare Würde des Menschen erleuchtet; in sich selbst, gestorben und auferstanden, hat er die gefallene Menschheit wiederhergestellt, indem er die Dunkelheit von Sünde und Tod überwand; denen, die an ihn glauben, hat er seine Beziehung zu seinem Vater geoffenbart; durch die Ausgießung des Heiligen Geistes hat er die Kirche, die Gemeinschaft der Gläubigen, sein wahrer Leib, geweiht und sie an seiner prophetischen, königlichen und priesterlichen Macht teilhaben lassen, damit sie in der Welt ~~als~~ die Verlängerung seiner eigenen Gegenwart und Sendung sein möge, um den Menschen aller Zeiten die Wahrheit zu verkünden, sie zum Glanz seines Lichtes zu führen und so zu ermöglichen, dass das Leben aller Menschen wahrhaft von diesem Lichte berührt und verklärt werde.

In dieser stürmischen Zeit der Menschheitsgeschichte scheint mit dem wachsenden technisch-wissenschaftlichen Fortschritt keine angemessene ethische und soziale Entwicklung einherzugehen, sondern eher eine wirkliche kulturelle und moralische „Involution“, die, Gott vergessend – wenn nicht sogar feindselig –, in jedem Bereich und auf jeder Ebene unfähig wird, die wesentlichen Koordinaten der menschlichen Existenz und, mit ihnen, des Lebens der Kirche selbst zu erkennen und zu respektieren.

„Wenn dem technischen Fortschritt nicht ein Fortschritt in der moralischen Bildung des Menschen, im ‚Wachstum des inneren Menschen‘ […] entspricht, dann ist er kein Fortschritt, sondern eine Bedrohung für

1 Zweites Ökumenisches Vatikanisches Konzil, Pastoralkonstitution über die Kirche in der heutigen Welt *Gaudium et spes* (7. Dezember 1965), Nr. 22.

Mensch und Welt“[2]. Selbst im Bereich der privaten und medialen Kommunikation wachsen die „technischen Möglichkeiten“ über alle Maßen, nicht jedoch die Liebe zur Wahrheit und das Bemühen sie zu suchen, noch das Verantwortungsbewusstsein vor Gott und den Menschen; es zeichnet sich ein besorgniserregendes Missverhältnis zwischen Mitteln und Ethik ab. Die Hypertrophie der Kommunikation scheint sich gegen die Wahrheit und folglich gegen Gott und den Menschen zu wenden; gegen Jesus Christus, den menschgewordenen Gott, und die Kirche, seine geschichtliche und reale Vergegenwärtigung.

In den letzten Jahrzehnten verbreitete sich eine gewisse „Gier“ nach Informationen, fast unabhängig von ihrer tatsächlichen Verlässlichkeit und ihren Möglichkeiten, bis zu jenem Punkt, dass die „Welt der Kommunikation“ die Realität „ersetzen“ zu wollen scheint, sowohl durch die Konditionierung ihrer Wahrnehmung als auch durch die Manipulation ihres Verständnisses. Gegen diese Tendenz, die die beunruhigenden Züge der Morbidität annehmen kann, ist leider auch die kirchliche Struktur, die in der Welt lebt und manchmal deren Kriterien übernimmt, nicht immun. Selbst unter Gläubigen werden häufig wertvolle Energien für die Suche nach „Nachrichten“ – oder echten „Skandalen“ – eingesetzt, die der Wahrnehmung einer bestimmten öffentlichen Meinung entsprechen, mit Absichten und Zielsetzungen, die sicherlich nicht zum theandrischen Charakter der Kirche gehören. All dies zum schweren Nachteil der Verkündigung des Evangeliums an alle Geschöpfe und der Erfordernisse der Mission. Man muss demütig anerkennen, dass manchmal nicht einmal die Reihen des Klerus, selbst die höchsten Hierarchien, von dieser Tendenz ausgenommen sind.

Wenn man sich, als letztes Gericht, auf das Urteil der öffentlichen Meinung beruft, werden in der Tat allzu oft Informationen aller Art, selbst aus den privatesten und vertraulichsten Bereichen, die unweigerlich das kirchliche Leben betreffen, bekannt gemacht, die rücksichtslose Urteile hervorrufen – oder zumindest begünstigen – und den guten Ruf anderer, sowie das Recht eines jeden Menschen auf Verteidigung

2 Benedikt XVI., Enzyklika *Spe salvi* (30. November 2007), Nr. 22.

seiner eigenen Intimität (vgl. *can.* 220 CIC) irreparabel schädigen. Die Worte des heiligen Paulus an die Galater klingen in diesem Szenario besonders aktuell: „Ihr seid zur Freiheit berufen, Brüder. Nur nehmt die Freiheit nicht zum Vorwand für das Fleisch [...]. Wenn ihr einander beißt und verschlingt, dann gebt Acht, dass ihr euch nicht gegenseitig umbringt!“ (*Gal* 5,13-15).

In diesem Zusammenhang scheint sich ein gewisses beunruhigendes „negatives Vorurteil“ gegenüber der Katholischen Kirche durchzusetzen, deren Existenz in zweifacher Weise kulturell dargestellt und gesellschaftlich neu begriffen wird: einerseits durch die Spannungen, die innerhalb der Hierarchie selbst auftreten können, und andererseits, ausgehend von den jüngsten Skandalen von Missbräuchen, die von einigen Mitgliedern des Klerus auf schreckliche Weise verübt wurden. Dieses Vorurteil, das die wahre Natur der Kirche, ihre authentische Geschichte und den wirklichen, segensreichen Einfluss, den sie im Leben der Menschen immer hatte und hat, vergisst, führt manchmal zu der ungerechtfertigten „Anmaßung“, dass die Kirche selbst in bestimmten Angelegenheiten dazu kommen wird, ihr eigenes Rechtssystem an die Zivilsysteme der Staaten, in denen sie lebt, anzupassen, als einzig mögliche „Garantie für Korrektheit und Rechtschaffenheit“.

Angesichts all dessen hat es die Apostolische Pönitentiarie für angebracht gehalten, mit dieser *Note* zu intervenieren, um die Bedeutung der Begriffe zu bekräftigen und ein besseres Verständnis jener Begriffe zu fördern, die der kirchlichen und sozialen Kommunikation eigen sind und die heute der öffentlichen Meinung und manchmal auch den zivilen Rechtsordnungen selbst eher fremd zu sein scheinen: das sakramentale Siegel, die mit dem außersakramentalen internen Forum verbundene Schweigepflicht, das Berufsgeheimnis, die Kriterien und Grenzen, die jeder anderen Kommunikation eigen sind.

1. Das sakramentale Siegel

Als der Heilige Vater Franziskus vor kurzem über das Sakrament der Versöhnung sprach, wollte er die Unverzichtbarkeit und Unverfügbarkeit des sakramentalen Siegels bekräftigen: „Die Versöhnung selbst ist ein Gut, das die Weisheit der Kirche mit ihrer ganzen moralischen und rechtlichen Kraft durch das sakramentale Siegel stets bewahrt hat. Dieses ist, auch wenn es von der modernen Denkweise nicht immer verstanden wird, unverzichtbar für die Heiligkeit des Sakraments und für die Gewissensfreiheit des Büßers. Dieser muss sich in jedem Augenblick sicher sein, dass das sakramentale Gespräch im Beichtstuhl verborgen bleiben wird, zwischen dem eigenen Gewissen, das sich der Gnade Gottes öffnet, und der notwendigen Vermittlung des Priesters. Das sakramentale Siegel ist unverzichtbar, und keine menschliche Macht hat darüber Jurisdiktionsgewalt oder kann sie beanspruchen“[3].

Das unverletzliche Beichtgeheimnis kommt direkt aus dem geoffenbarten göttlichen Gesetz und ist im Wesen des Sakraments verwurzelt, so dass es im kirchlichen Bereich, geschweige denn im Zivilrecht, keine Ausnahme zulässt. Die Feier des Sakraments der Versöhnung enthält in der Tat das Wesen des Christentums und der Kirche selbst: Der Sohn Gottes ist Mensch geworden, um uns zu retten, und er hat beschlossen, die Kirche und in ihr diejenigen, die er auserwählt, berufen und zu seinen Dienern gemacht hat, als „notwendiges Instrument“ in dieses Heilswerk miteinzubeziehen.

Um dieser Wahrheit Ausdruck zu verleihen, hat die Kirche stets gelehrt, dass die Priester bei der Feier der Sakramente *in persona Christi capitis* handeln, d.h. in der Person Christi des Hauptes: „Christus erlaubt es uns, sein „Ich“ zu benutzen, wir sprechen im „Ich“ Christi, Christus ‚zieht uns in sich hinein‘ und erlaubt uns die Vereinigung mit ihm, er vereint uns mit seinem „Ich“. […] Es ist diese Einheit mit seinem „Ich“, die in den Worten der Wandlung Wirklichkeit wird. Auch im „Ich spreche dich los“ – denn keiner von uns könnte von Sünden lossprechen – ist es das „Ich“ Christi, Gottes, das allein die Lossprechung erteilen kann“[4].

---

3 Franziskus, Ansprache an die Teilnehmer des 30. Kurses für Beichtväter, organisiert von der Apostolischen Pönitentiarie (29. März 2019).

4 Benedikt XVI., *Gespräch mit den Priestern* (10. Juni 2010).

Jeder Pönitent, der demütig einen Priester aufsucht, um seine Sünden zu bekennen, legt somit Zeugnis ab vom großen Geheimnis der Menschwerdung und vom übernatürlichen Wesen der Kirche und des Amtspriestertums, durch das der auferstandene Christus den Menschen entgegenkommt, ihr Leben sakramental – also wirklich – berührt und sie rettet. Aus diesem Grund stellt die Verteidigung des sakramentalen Siegels durch den Beichtvater, wenn es notwendig wäre *usque ad sanguinis effusionem*, nicht nur einen Akt pflichtgemäßer „Loyalität" gegenüber dem Pönitenten dar, sondern weit mehr: ein notwendiges Zeugnis – ein „Martyrium" –, das direkt für die Einzigartigkeit und heilbringende Universalität Christi und der Kirche abgelegt wird[5].

Der Gegenstand des Siegels wird gegenwärtig durch die *cann.* 983-984 und 1388, § 1 des CIC und den *can.* 1456 des CCEO, sowie durch die Nr. 1467 des *Katechismus der Katholischen Kirche* dargelegt und geregelt, wo es bezeichnenderweise nicht heißt, dass die Kirche kraft ihrer Autorität „bestimmt", sondern dass sie „erklärt" – sprich, es als ein sich gerade aus der Heiligkeit des von Christus eingesetzten Sakraments ableitendes irreduzibles Faktum anerkennt, „dass jeder Priester, der Beichte hört, unter strengsten Strafen verpflichtet ist, über die Sünden, die seine Pönitenten ihm gebeichtet haben, absolutes Stillschweigen zu wahren".

Dem Beichtvater ist niemals und aus keinem Grund erlaubt, «den Pönitenten durch Worte oder auf irgendeine andere Weise zu verraten» (can. 983, § 1 CIC), sowie „es dem Beichtvater streng verboten, ist einen Gebrauch des aus der Beichte gewonnenen Wissens, der für den Pönitenten belastend wäre, auch wenn jede Gefahr, dass etwas bekannt werden könnte, ausgeschlossen ist, zu machen" (can. 984, § 1 CIC). Die Doktrin hat dann noch dazu beigetragen, den Inhalt des sakramentalen Siegels weiter zu präzisieren: es umfasst „alle Sünden sowohl des Büßers als auch andere, die aus der Beichte des Pönitenten bekannt sind, sowohl die Todsünden als auch die lässlichen Sünden, sowohl die

5 Vgl. Kongregation für die Glaubenslehre, Erklärung *Dominus Iesus* zur Einzigartigkeit und heilbringenden Universalität von Jesus Christus und der Kirche (6. August 2000).

verborgenen als auch die öffentlichen, insofern sie sich in Bezug auf die Absolution manifestieren und daher dem Beichtvater kraft der sakramentalen Wissenschaft bekannt sind“[6]. Das sakramentale Siegel betrifft also alles, was der Pönitent angeklagt hat, auch wenn der Beichtvater keine Absolution erteilt: Falls das Geständnis ungültig ist oder aus irgendeinem Grund keine Absolution erteilt wird, muss das Siegel trotzdem beibehalten werden.

Der Priester erfährt in der Tat von den Sünden des Büßers „*non ut homo, sed ut Deus* – nicht als Mensch, sondern als Gott“[7], und zwar in einem solchen Ausmaß, dass er einfach „nicht weiß“, was ihm bei der Beichte gesagt wurde, weil er es nicht als Mensch, sondern gerade im Namen Gottes gehört hat. Der Beichtvater könnte daher auch, ohne Vorurteil gegenüber seinem Gewissen, „schwören“, dass er „nicht weiß“, was er nur als Diener Gottes weiß. Wegen seiner besonderen Natur geht das sakramentale Siegel so weit, dass es den Beichtvater sogar „innerlich“ bindet, bis zu dem Punkt, dass es ihm verboten ist, sich freiwillig an die Beichte zu erinnern, und er verpflichtet ist, jede unfreiwillige Erinnerung daran zu unterdrücken. Jeder, der in irgendeiner Weise von den Sünden der Beichte erfahren hat, ist auch an das Siegelgeheimnis gebunden: „Zur Wahrung des Geheimnisses sind auch, falls beteiligt, der Dolmetscher und alle anderen verpflichtet, die auf irgendeine Weise aus der Beichte zur Kenntnis von Sünden gelangt sind“ (can. 983, § 2 CIC).

Das absolute Verbot, das das sakramentale Siegel auferlegt, hindert den Priester daran den Inhalt der Beichte außerhalb des Sakramentes mit dem Pönitenten selbst zu besprechen, „es sei denn, dass die Zustimmung des Pönitenten ausdrücklich, und umso besser, wenn sie nicht erbeten wird, vorliegt“[8]. Das Siegel geht also auch über die Verfügbarkeit des Pönitenten hinaus, der nach der Feier des Sakraments nicht die

---

6 V. De Paolis – D. Cito, *Le sanzioni nella Chiesa. Commento al Codice di Diritto Canonico. Libro VI*, Città del Vaticano, Urbaniana University Press, 2000, p. 345.

7 Thomas von Aquin, *Summa Theologiae*, Suppl., 11, 1, ad 2.

8 Johannes Paul II., *Ansprache an die Mitglieder der Apostolischen Pönitentiarie und an die Beichtväter der römischen Basiliken* (12. März 1994), Nr. 4.

Macht hat, den Beichtvater von der Schweigepflicht zu entbinden, da diese Pflicht direkt von Gott kommt.

Die Verteidigung des sakramentalen Siegels und die Heiligkeit der Beichte können niemals eine Form der Zustimmung zum Bösen darstellen; im Gegenteil, sie stellen das einzige wahre Gegenmittel gegen das Böse dar, das den Menschen und die ganze Welt bedroht; sie sind die wirkliche Möglichkeit, sich der Liebe Gottes hinzugeben, sich von dieser Liebe bekehren und verwandeln zu lassen und zu lernen, ihr im eigenen Leben konkret zu entsprechen. Im Hinblick auf Sünden, die eine Straftat einbeziehen, ist es niemals erlaubt, dem Pönitenten als Bedingung für die Absolution die Verpflichtung aufzuerlegen, sich der Ziviljustiz zu stellen, und zwar aufgrund des natürlichen Prinzips „*nemo tenetur se detegere*", das in jeder Rechtsordnung übernommen wird. Gleichzeitig gehört aber auch die aufrichtige Reue, zusammen mit der festen Absicht, das begangene Übel zu ändern und nicht zu wiederholen, zur „Struktur" des Sakraments der Versöhnung – als Voraussetzung für seine Gültigkeit. Wenn ein Pönitent, der Opfer des Übels anderer geworden ist, sich vorstellt, ist es die Pflicht des Beichtvaters, ihn über seine Rechte zu belehren, sowie über die konkreten juristischen Instrumente, mit denen die Tat vor Zivil- und/oder Kirchengerichten angezeigt und Gerechtigkeit geltend gemacht werden kann.

Jede politische Aktion oder Gesetzesinitiative, die darauf abzielt, die Unverletzlichkeit des sakramentalen Siegels „aufzubrechen", würde einen unannehmbaren Verstoß gegen die *libertas Ecclesiae* darstellen, die ihre Legitimität nicht von einzelnen Staaten, sondern von Gott erhält; sie würde auch eine Verletzung der Religionsfreiheit darstellen, die die rechtliche Grundlage für alle anderen Freiheiten ist, einschließlich der Gewissensfreiheit der einzelnen Bürger, sowohl der Pönitenten als auch der Beichtväter. Das Siegel zu verletzen, wäre gleichbedeutend mit einer Verletzung des Armen, das im Sünder ist.

2. Das außersakramentale interne Forum und die geistliche Führung

Zur rechtlich-moralischen Sphäre des internen Forums gehört auch das so genannte „außersakramentale interne Forum“, das immer geheim bleibt, aber außerhalb des Sakraments der Buße liegt. Auch darin übt die Kirche ihre eigene Mission und Heilskraft aus: nicht Sünden vergebend, sondern Gnaden gewährend, indem sie juristische Auflagen (wie zum Beispiel die Zensur) durchbricht und für alles Sorge trägt, was die Heiligung der Seelen und damit die eigentliche, intime und persönliche Sphäre jedes Gläubigen betrifft.

Zum außersakramentalen internen Forum gehört insbesondere die geistliche Führung, bei der der einzelne Gläubige seinen eigenen Weg der Bekehrung und Heiligung einem bestimmten Priester, Geweihten oder Laien anvertraut.

Der Priester übt dieses Amt kraft seiner Sendung, Christus zu vertreten, aus, das ihm durch das Weihesakrament verliehen wurde und das er in der hierarchischen Gemeinschaft der Kirche durch die sogenannte *tria munera* ausüben muss: die Aufgabe des Lehrens, Heiligens und Regierens; sie Laien kraft des Taufpriestertums und der Gabe des Heiligen Geistes.

In der geistlichen Führung öffnet der Gläubige dem geistlichen Seelenführer/Begleiter frei das Geheimnis seines Gewissens, um sich im Zuhören und in der Erfüllung von Gottes Willen orientieren und unterstützen zu lassen.

Dieser besondere Bereich erfordert daher auch eine gewisse Geheimhaltung *ad extra*, die durch die inhaltliche Natur der geistlichen Gespräche mitbedingt ist und sich aus dem Recht eines jeden Menschen auf Achtung seiner Privatsphäre ergibt (vgl. can. 220 CIC). Obwohl nur „analog“ zu dem, was im Sakrament der Beichte geschieht, lernt der geistliche Seelenführer das Gewissen des einzelnen Gläubigen aufgrund seiner „besonderen“ Beziehung zu Christus, welche sich aus der Heiligkeit des Lebens und – wenn er Kleriker ist – aus der empfangenen heiligen Weihe ableitet, kennen.

Als Zeugnis für die besondere Schweigepflicht der geistlichen Führung, ist das gesetzlich sanktionierte Verbot in Betracht zu ziehen, nicht nur die Meinung des Beichtvaters, sondern auch die des geistlichen Seelenführers bei der Zulassung zu den Heiligen Weihen oder umgekehrt bei der Entlassung von Priesteramtskandidaten aus dem Seminar zu erfragen (vgl. can. 240, § 2 CIC; can. 339, § 2 CCEO). In ähnlicher Weise verbietet die Instruktion *Sanctorum Mater* von 2007 – über die Durchführung diözesaner oder eparchialer Untersuchungen in den Selig- und Heiligsprechungsprozessen – für Zeugenaussagen nicht nur die Zulassung von Beichtvätern zum Schutz des sakramentalen Siegels, sondern auch die Zulassung der geistlichen Seelenführer des Dieners Gottes, selbst für alles, was sie im Forum des Gewissens außerhalb der sakramentalen Beichte erfahren haben[9].

Diese notwendige Schweigepflicht wird für den Seelenführer umso „natürlicher" sein, je mehr er lernt das Geheimnis der Freiheit des Gläubigen, der sich durch ihn an Christus wendet, zu erkennen und sich von ihm „berühren" zu lassen; der Seelenführer wird seine eigene Sendung und sein eigenes Leben ausschließlich vor Gott, im Dienste seiner Herrlichkeit, zum Wohl der Person, der Kirche und zum Heil der ganzen Welt zu verstehen und zu gestalten haben.

3. Geheimnisse und andere Grenzen der Kommunikation

Von anderer Art als das interne Forum, sowohl sakramentaler als auch außersakramentaler Art, sind die unter dem Siegel der Geheimhaltung gemachten Vertraulichkeiten sowie die sogenannten „Berufsgeheimnisse", über die bestimmte Kategorien von Personen sowohl in der Zivilgesellschaft als auch in der kirchlichen Gemeinschaft verfügen, da sie ein besonderes Amt für Einzelpersonen oder für die Gemeinschaft ausüben.

Solche Geheimnisse müssen kraft des Naturrechts immer gewahrt werden, „außer – heißt es im *Katechismus der Katholischen Kirche*,

9 Vgl. Kongregation für die Selig- und Heiligsprechungsprozesse, *Sanctorum Mater. Anweisung zur Durchführung diözesaner oder eparchialer Untersuchungen in den Selig- und Heiligsprechungsprozessen* (17. Mai 2007), Art. 101, § 2.

Nr. 2491 – wenn der Sonderfall eintritt, dass die Bewahrung des Geheimnisses dem, der es anvertraut, oder dem, dem es anvertraut wird, oder einem Dritten einen sehr großen Schaden zufügen würde, der sich nur durch die Verbreitung der Wahrheit verhüten lässt".

Ein besonderer Fall von Geheimhaltung ist das „päpstliche Geheimnis", das durch den Eid gebunden ist, der mit der Ausübung bestimmter Ämter im Dienst des Apostolischen Stuhls verbunden ist. Wenn der Schweigeeid immer denjenigen, der ihn geleistet hat, *coram Deo* bindet, so hat der mit der „päpstlichen Geheimhaltung" verbundene Eid als letzte *ratio* das öffentliche Wohl der Kirche und die *salus animarum*. Der Eid setzt voraus, dass dieses Wohl und die Bedürfnisse der *salus animarum*, also auch die Verwendung von Informationen, die nicht unter das Siegel fallen, nur vom Apostolischen Stuhl allein in der Person des Römischen Papstes – den Christus der Herr als sichtbares Prinzip und Fundament der Einheit des Glaubens und der Gemeinschaft der ganzen Kirche konstituiert und eingesetzt hat – richtig interpretiert werden kann und muss[10].

In Bezug auf die anderen Bereiche der öffentlichen und privaten Kommunikation in all ihren Formen und Formulierungen, hat die Weisheit der Kirche immer die „goldene Regel" als grundlegendes Kriterium angegeben, die vom Herrn ausgesprochen und von der im Lukasevangelium berichtet wird: „Was ihr von anderen erwartet, das tut ebenso auch ihnen" (*Lk* 6,31). Auf diese Weise muss man sowohl bei der Vermittlung der Wahrheit als auch im Schweigen über dieselbe, wenn der Fragesteller nicht das Recht hat, die Wahrheit zu erfahren, sein Leben immer dem Gebot der brüderlichen Liebe anpassen, indem man das Wohl und die Sicherheit der anderen, die Achtung des Privatlebens und des Gemeinwohls vor Augen hat[11].

Da es eine besondere von der brüderlichen Liebe diktierte Pflicht ist, die Wahrheit zu vermitteln, kann man nicht umhin, die „brüderliche Zurechtweisung", die der Herr gelehrt hat, auf ihren verschiedenen

10 Vgl. Zweites Ökumenisches Vatikanisches Konzil, Dogmatische Konstitution über die Kirche *Lumen Gentium* (21. November 1964), Nr. 18.

11 Vgl. Katechismus der Katholischen Kirche, Nr. 2489.

Ebenen zu erwähnen. Sie bleibt der Bezugshorizont, wo es notwendig ist und je nachdem, was die konkreten Umstände erlauben und erfordern: „Wenn dein Bruder sündigt, dann geh zu ihm und weise ihn unter vier Augen zurecht. Hört er auf dich, so hast du deinen Bruder zurückgewonnen. Hört er aber nicht auf dich, dann nimm einen oder zwei Männer mit, denn jede Sache muss durch die Aussage von zwei oder drei Zeugen entschieden werden. Hört er auch auf sie nicht, dann sag es der Gemeinde“ (*Mt* 18,15-17).

In einer Zeit der massiven Kommunikation, in der alle Informationen „verbrannt“ werden und damit leider oft auch ein Teil des Lebens der Personen, ist es notwendig, die Macht der Sprache, ihre konstruktive Kraft, aber auch ihr zerstörerisches Potential neu zu erlernen; wir müssen darauf achten, dass das sakramentale Siegel von niemanden je verletzt wird und dass die notwendige Schweigepflicht, die mit der Ausübung des kirchlichen Dienstes verbunden ist, immer in eifersüchtiger Weise gehütet wird – mit der Wahrheit und dem ganzheitlichen Wohl der Personen als einzigen Horizont.

Erflehen wir vom Heiligen Geist für die ganze Kirche eine glühende Liebe zur Wahrheit in allen Bereichen und Umständen des Lebens; die Fähigkeit, sie bei der Verkündigung des Evangeliums an jedes Geschöpf vollständig zu bewahren, die Bereitschaft zum Martyrium, um die Unverletzlichkeit des sakramentalen Siegels zu verteidigen, sowie die nötige Umsicht und Weisheit, um jeden instrumentellen und irrtümlichen Gebrauch dieser dem privaten, sozialen und kirchlichen Leben eigenen Informationen zu vermeiden, der die Würde der Person und die Wahrheit selbst, die immer Christus, Herr und Haupt der Kirche ist, verletzen könnte.

In der sorgsamen Verwahrung des sakramentalen Siegels und der notwendigen Diskretion, die mit dem außersakramentalen internen Forum und anderen Amtshandlungen verbunden ist, strahlt eine besondere Synthese zwischen der petrinischen und der marianischen Dimension in der Kirche auf.

Mit Petrus hütet die Braut Christi bis zum Ende der Geschichte das institutionelle Amt der „Schlüsselgewalt“; wie die selige Jungfrau Maria, bewahrt die Kirche »alles, was geschehen war, in ihrem Herzen« (*Lk* 2,51b), im Wissen, dass sich darin jenes Licht widerspiegelt, das jeden Menschen erleuchtet und das im heiligen Raum zwischen persönlichem Gewissen und Gott bewahrt, verteidigt und bewacht werden muss.

Papst Franziskus genehmigte die vorliegende Note am 21. Juni 2019 und ordnete ihre Veröffentlichung an.

Gegeben in Rom, vom Sitz der Apostolischen Pönitentiarie, am 29. Juni, dem Jahr des Herrn 2019, am Hochfest der Heiligen Apostel Petrus und Paulus

Mauro Kard. Piacenza
Großpönitentiar

Msgr. Krzysztof Nykiel
Regent

KANONISTISCHE REIHE

1 Benz, Michael, Die Personalprälatur. Entstehung und Entwicklung einer neuen Rechtsfigur bis zum Codex von 1983, 1988, 139 S.

2 Huber, Christian, Das Grundrecht auf Freiheit bei der Wahl des Lebensstandes. Eine Untersuchung zu c. 219 des kirchlichen Gesetzbuches, 1988, 192 S.

3 Eder, Joachim, Der Begriff »foedus matrimonial« im Eherecht des CIC, 1989, 109 S.

4 Wolf, Lorenz, Der Irrtum über eine Eigenschaft der Person als Ehenichtigkeitsgrund. Ein Beitrag zur Interpretation von c. 1097 § 2, 1990, 188 S.

5 Kalde, Franz, Die Paarformel „fides – mores". Eine sprachwissenschaftliche und entwicklungsgeschichtliche Untersuchung aus kanonistischer Sicht, 1991, 113 S.

6 Müller, Ludger, Kirchenrecht – analoges Recht? Über den Rechtscharakter der kirchlichen Rechtsordnung, 1991, 133 S.

7 Schappert, Peter, Solidarische Pfarrseelsorge. Möglichkeit und Bewertung in der neuklassischen Kanonistik, 1991, 145 S.

8 Martetschläger, Johannes, Die Rechtsstellung der Kirchen und Religionsgesellschaften in Österreich nach Art. 15 Staatsgrundgesetz 1867, 1993, 119 S.

9 Walser, Markus, Die Bedeutung des Wohnsitzes im kanonischen Recht. Eine Untersuchung zu cc. 100-107 CIC, 1993, 138 S.

10 Lerg, Christoph, Die Beichtbefugnis. Ihre historische Entwicklung von den ersten Anfängen bis zur Hochscholastik auf dem Hintergrund der jeweiligen Erkenntnisse der Bußtheologie, 1994, 121 S.

11 Schmitz, Rudolf Michael, Die Bekenntnisfreiheit im Gemeinstatut der Gläubigen (cc. 208-223). Ihre Möglichkeiten und Grenzen innerhalb der kanonischen Rechtsordnung, 1995, 140 S.

12 Gehr, Josef, Die Bewertung des gerichtlichen Geständnisses und der Parteierklärung vor Gericht gemäß c.1536 § 2 CIC/1983, 1994, 106 S.

www.eos-verlag.de

13 Gänswein, Georg, Kirchengliedschaft gemäß dem Zweiten Vatikanischen Konzil. Zur Vorgeschichte, Erarbeitung und Interpretation der konziliaren Lehraussagen über die Zugehörigkeit zur Kirche, 1995, 125 S.

14 Weitz, Thomas A., Religionsfreiheit auf dem Zweiten Vatikanischen Konzil, 1997, 204 S.

15 Vries, Jan, Kirchenrecht oder Kirchenordnung? Zum Kirchenrechtsverständnis bei Peter Huizing, 1998, 222 S.

16 Twickel, Marie-Désirée Freiin von, Kleriker in der Gemeinschaft Emmanuel. Eine kanonistische Untersuchung über die rechtliche Stellung der Klerikermitglieder in der Gemeinschaft Emmanuel und der Bruderschaft Jesu, 2000, 179 S.

17 Ohly, Christoph, Kooperative Seelsorge. Eine kanonistische Studie zu den Veränderungen teilkirchlicher Seelsorgestrukturen in den Diözesen der Kölner Kichenprovinz, 2002, 266 S.

18 Dennemarck, Bernd, Der Taufaufschub. Dogmatisch-kanonistische Grundlegung und rechtliche Ausgestaltung im Hoheitsgebiet der Deutschen Bischofskonferenz, 2003, 184 S.

19 Kandler-Mayr, Elisabeth, Schützen und verwalten. Kirchliche Güter und Denkmalschutz. Eine Untersuchung der kirchlichen Rechtsnormen und der staatlichen österreichischen und bayrischen Gesetze, 2004, 126 S.

20 Fabritz, Peter, Die tägliche Zelebration des Priesters. Eine rechtsgeschichtliche Untersuchung, 2005, 133 S.

21 Kriegbaum, Christian, Die „Sonntägliche Wort-Gottes-Feier“ – aus der Not geboren, zum Segen geworden, 2006, 240 S.

22 Reisinger, Philipp, Sanctae Ecclesiae Cardinales – Peculiaris Episcoporum Coetus. Neue kirchenrechtliche Perspektiven für die Kardinäle und das Kardinalskollegium, 2012, 120 S.

23 Müller, Georg, Sedes Romana impedita. Kanonistische Annäherungen zu einem nicht ausgeführten päpstlichen Spezialgesetz, 2012, 124 S.

24 Förster, Peter, Transsexualität und ihre Auswirkungen auf die Ehefähigkeit. Eine kanonistische Untersuchung, 2012, 196 S.

25 Bauer, Manfred, Theologische Grundlagen und rechtliche Tragweite der Gleichheit gemäß can. 208 CIC/1983 bzw. can. 11 CCEO, 2013, 148 S.

26 Wodrazka, Paul Bernhard, Das Verfahren zur Erhebung eines Heiligen zum Kirchenlehrer, 2014, 80 S.

27 Finzel, Helmut, Die Bischofssynode. Zwischen päpstlichem Primat und bischöflicher Kollegialität, 2016, 112 S.

28 Kingata, Yves, Robert Lusilu Bipa, Au service de la Paix entre les Armes. L'Aumônerie Militaire Catholique en République Démocratique du Congo, 2017, 202 S.

29 Arakkal, Mons Kurian, Conferences and Synods in the Indian Church, 2018, 376 S.

30 Komischke, Stephan, Der Vertrag zwischen dem Heiligen Stuhl und dem Land Brandenburg (2003), 2019, 230 S.

31 Otter, Joseph, Die Exkommunikation Martin Luthers aus rechtshistorischer Perspektive, 2021, 180 S.

32 Michl, Andrea, Die Sühnestrafen des kanonischen Rechts, 2021, 192 S.

33 Pereira, Marcos Keel, Das portugiesische Konkordat von 2004 in seinem historischen und verfassungsrechtlichen Kontext, 2021, 184 S.

34 Werner, Philipp, Klostermanagement im Team. Praktische Fallstudie über die Errichtung eines Wirtschaftsrates in einer Benediktinerabtei, seine rechtliche Gestaltung und praktische Arbeit, 2022, 164 S.

35 Stümpfl, Tobias, Die Taufe von Kindern nichtkatholischer Christen, 2022, 176 S.

36 Bader, Anna-Maria, Das Ehehindernis der Freiheitsberaubung im Recht der katholischen Kirche, 2023, 196 S.

37 Elias A. Krexner, Dialogmaterie Pfarrinkorporation. Entwicklung, Rechtsstellung des Inkorporationsträgers und Pfarrstrukturveränderung, 2023, 146 S.